TO:

FROM:

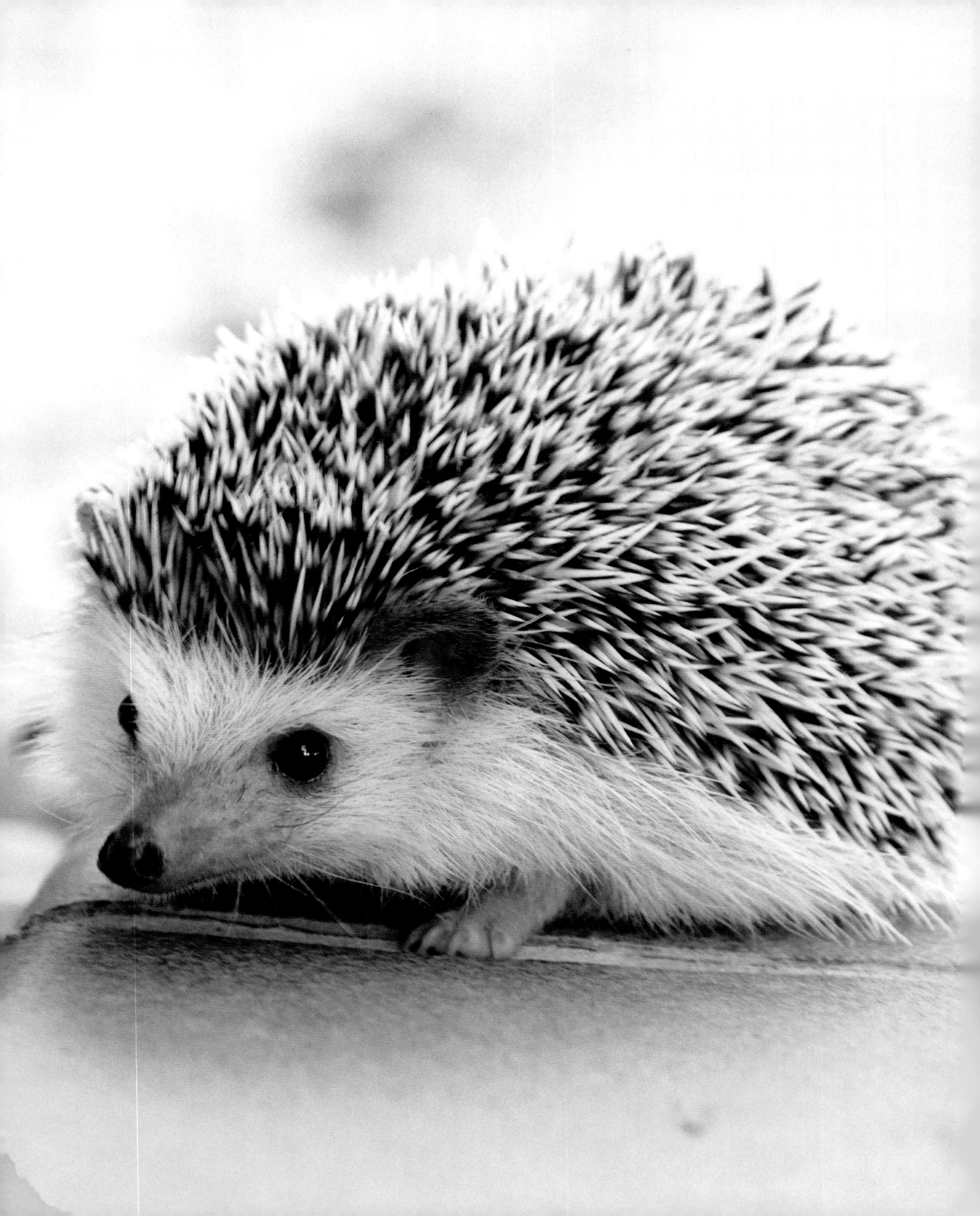

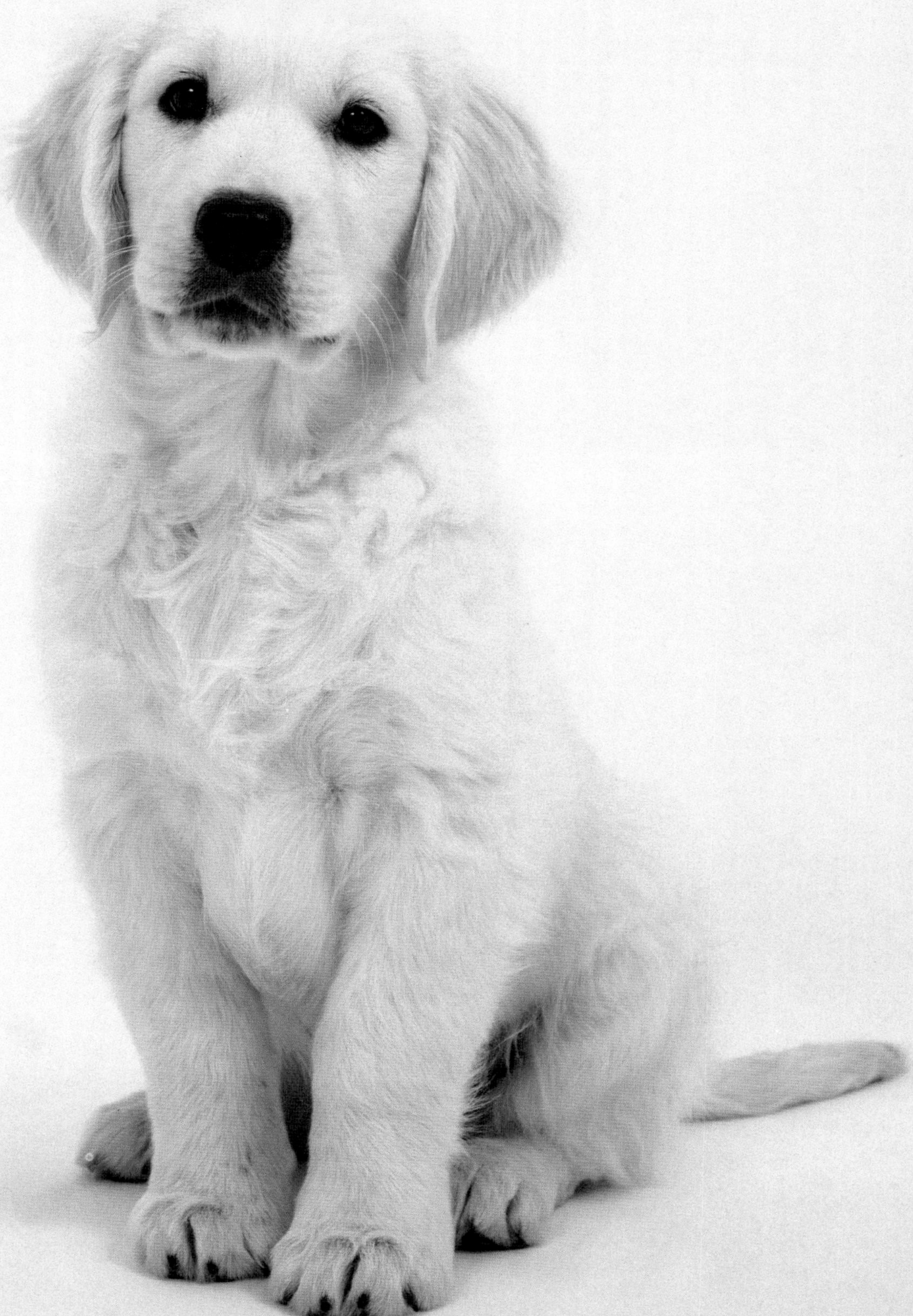

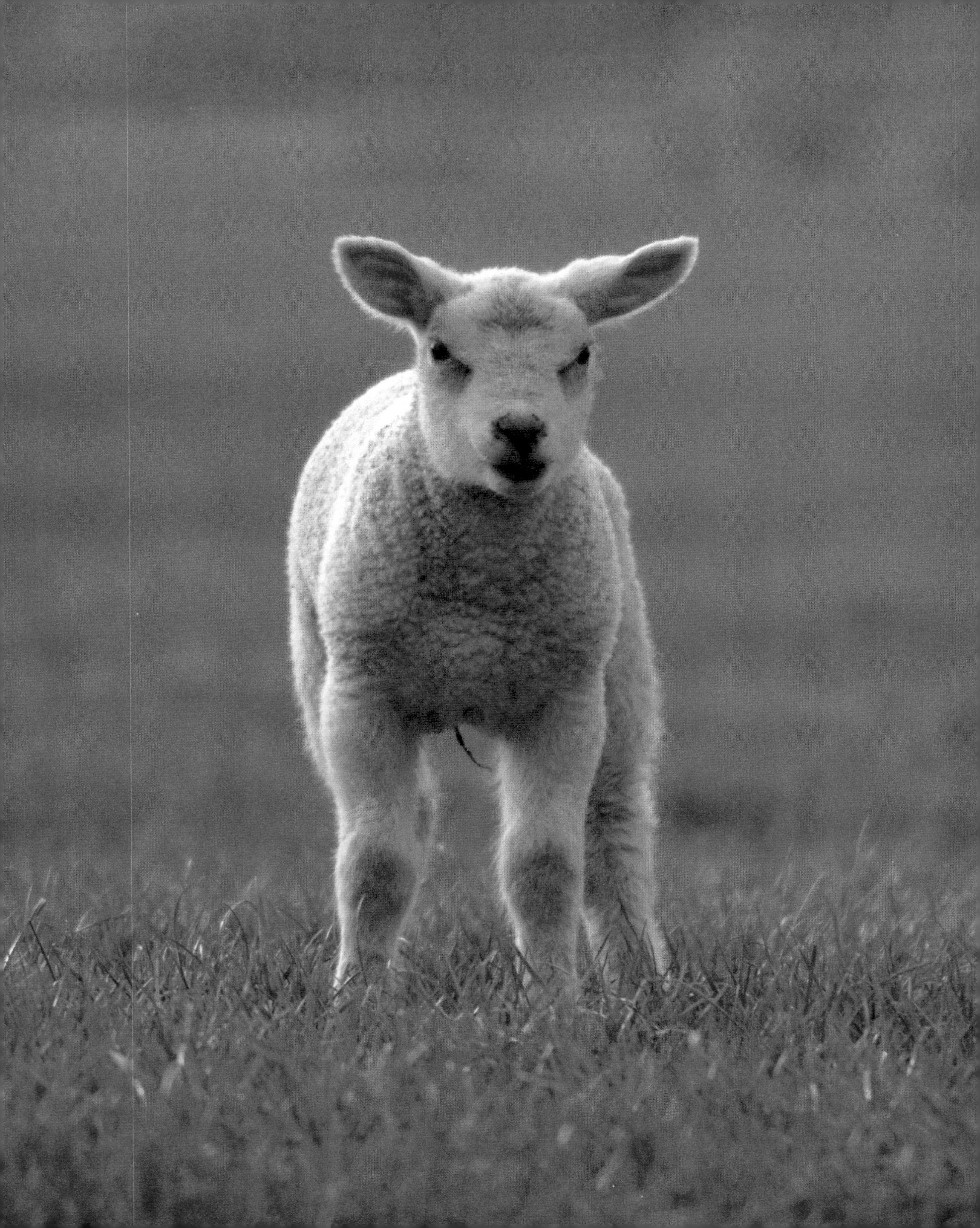

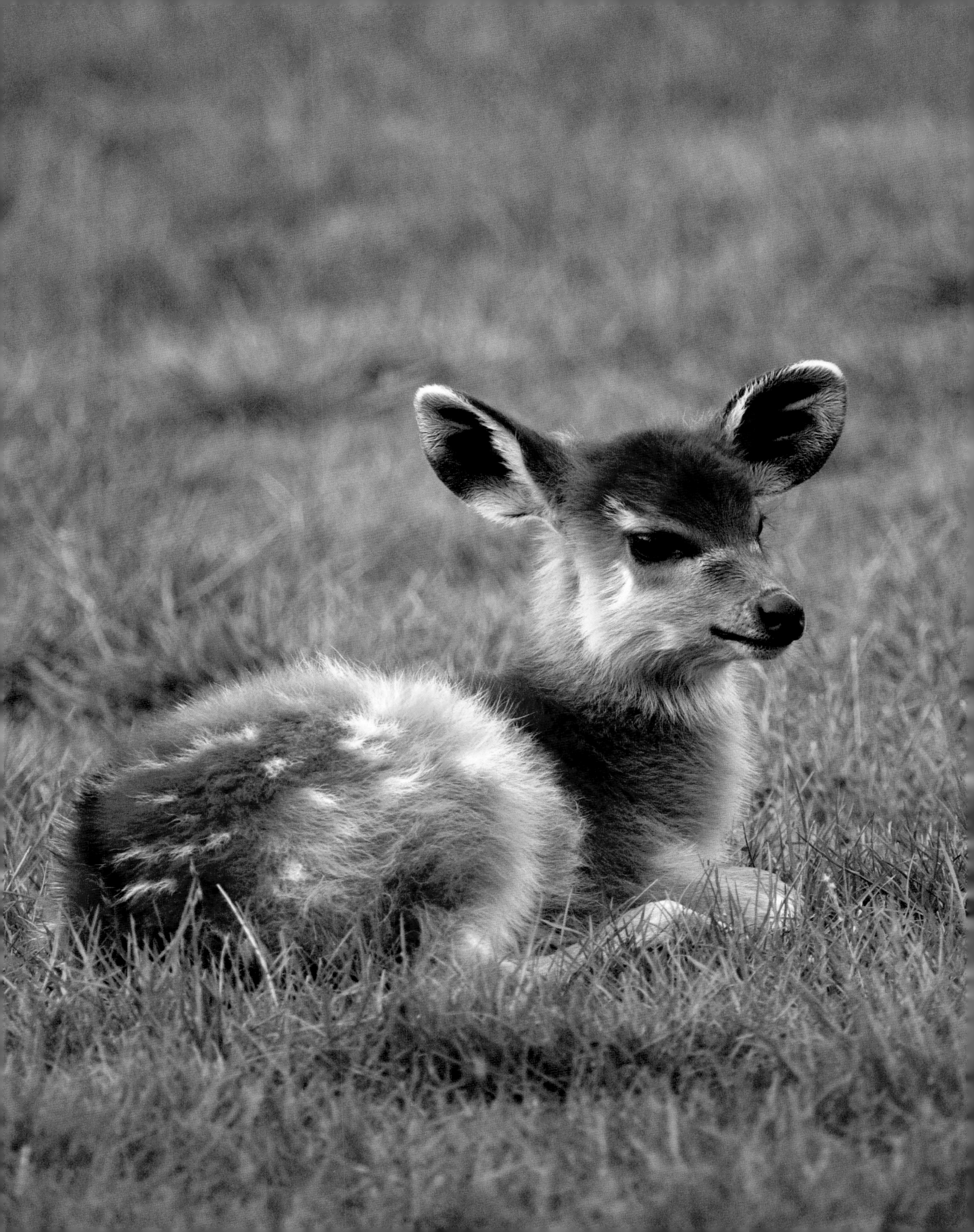

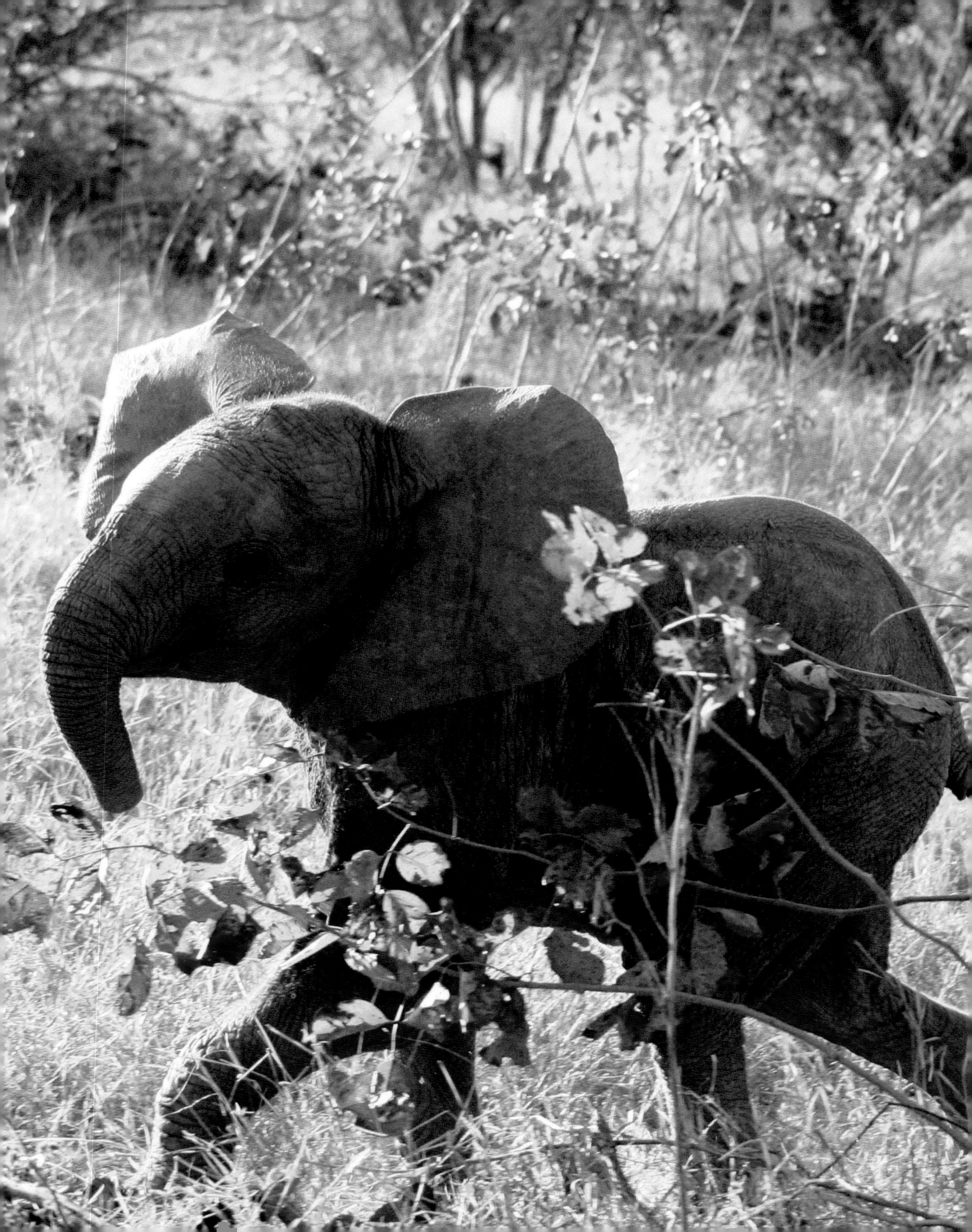

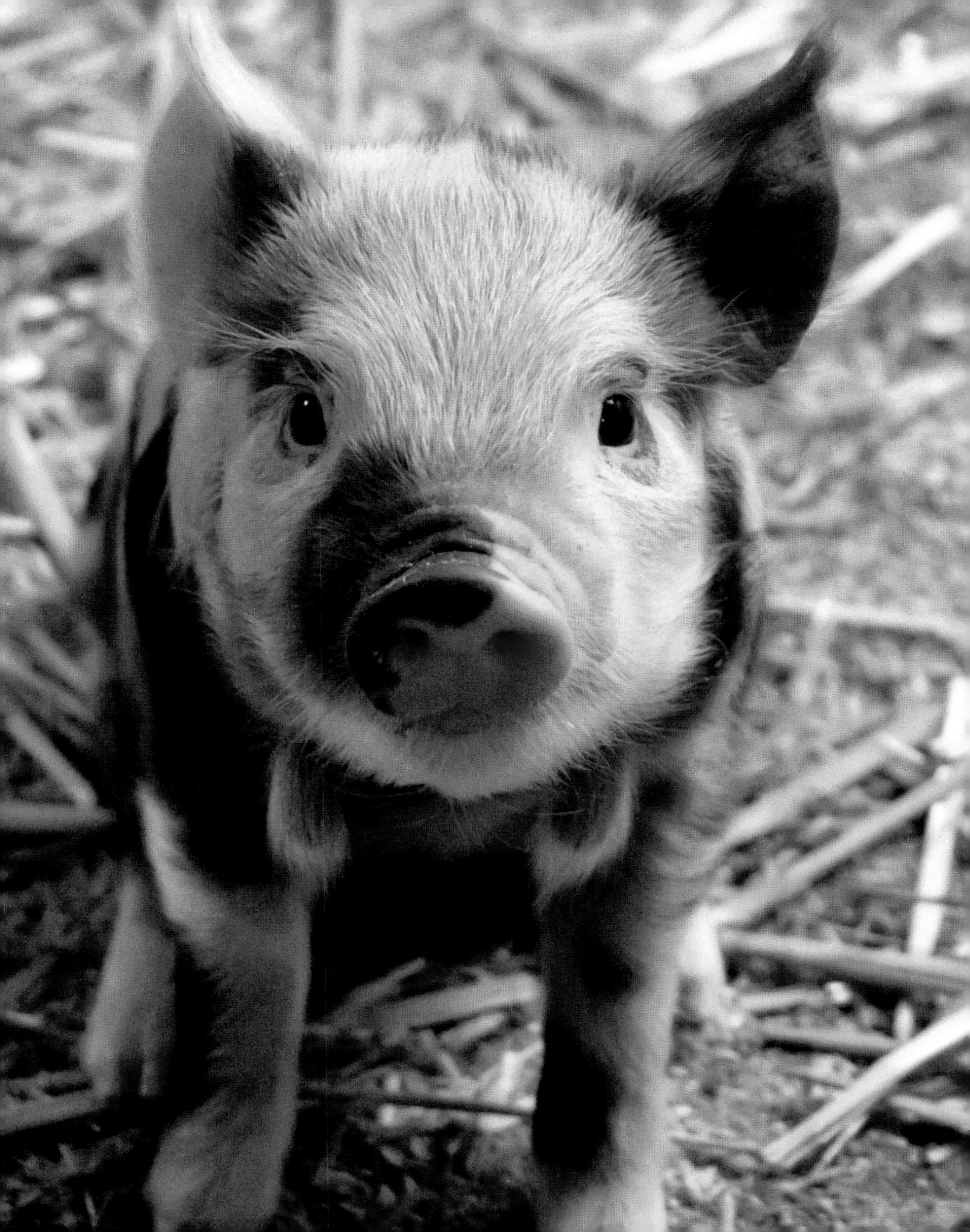

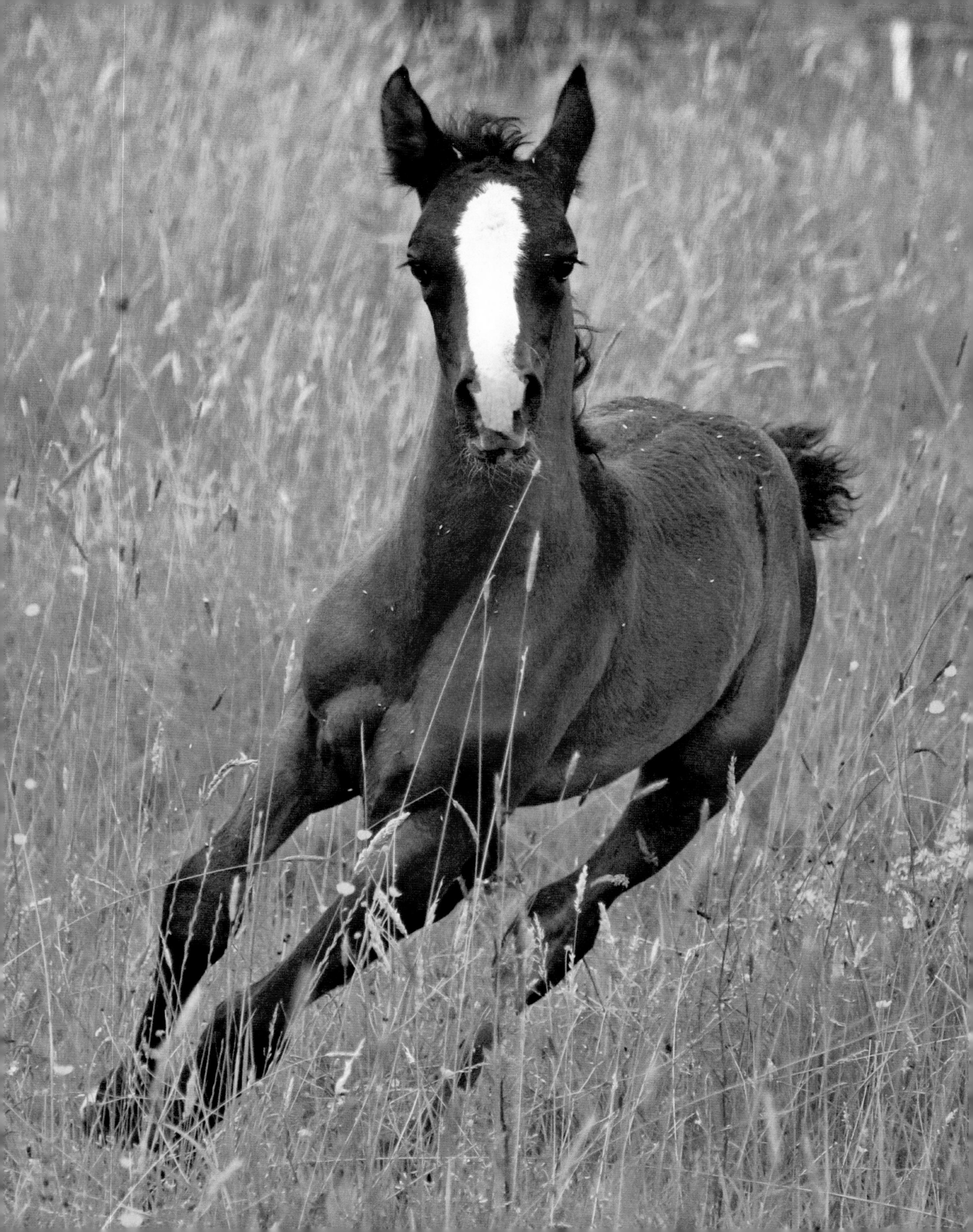

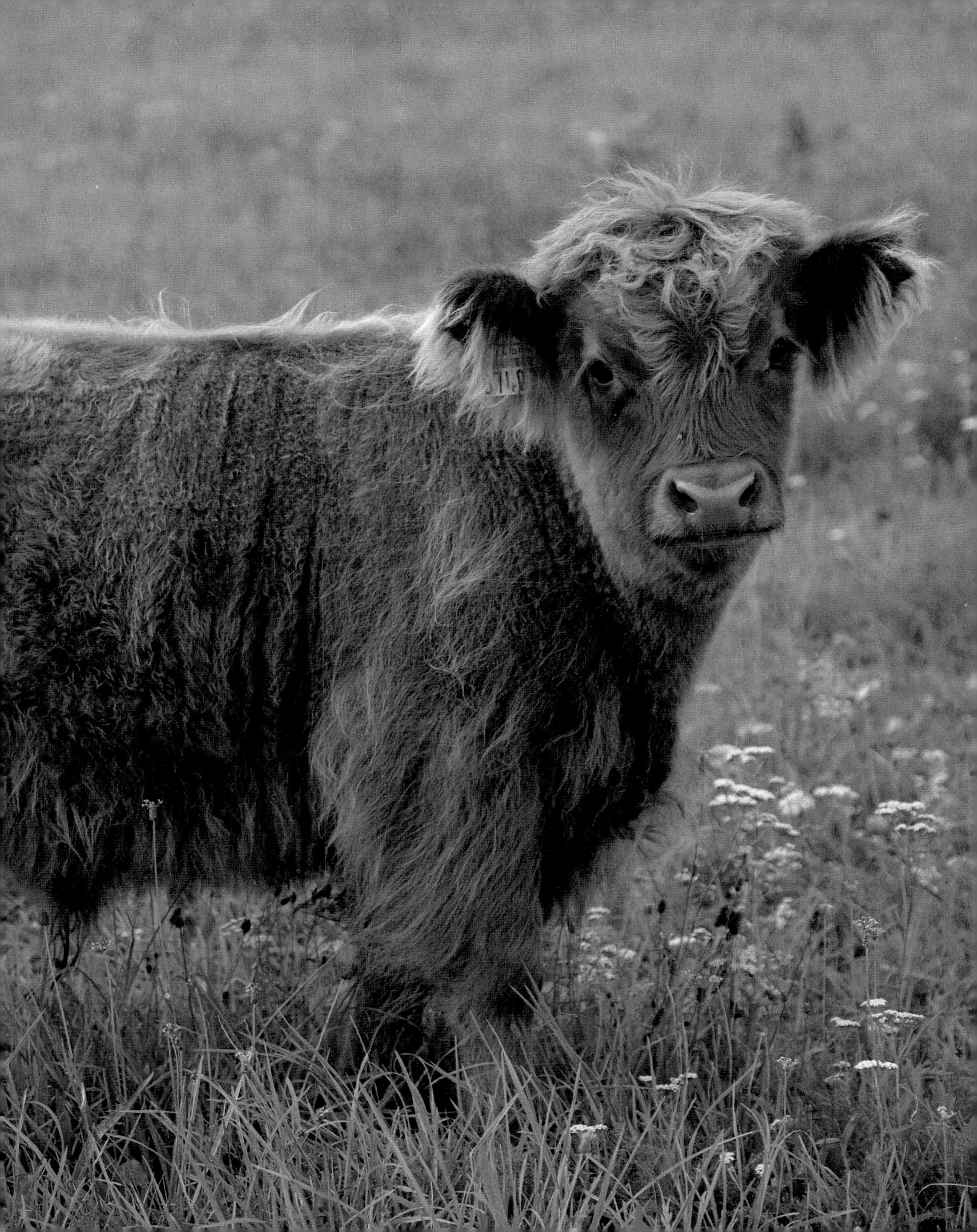

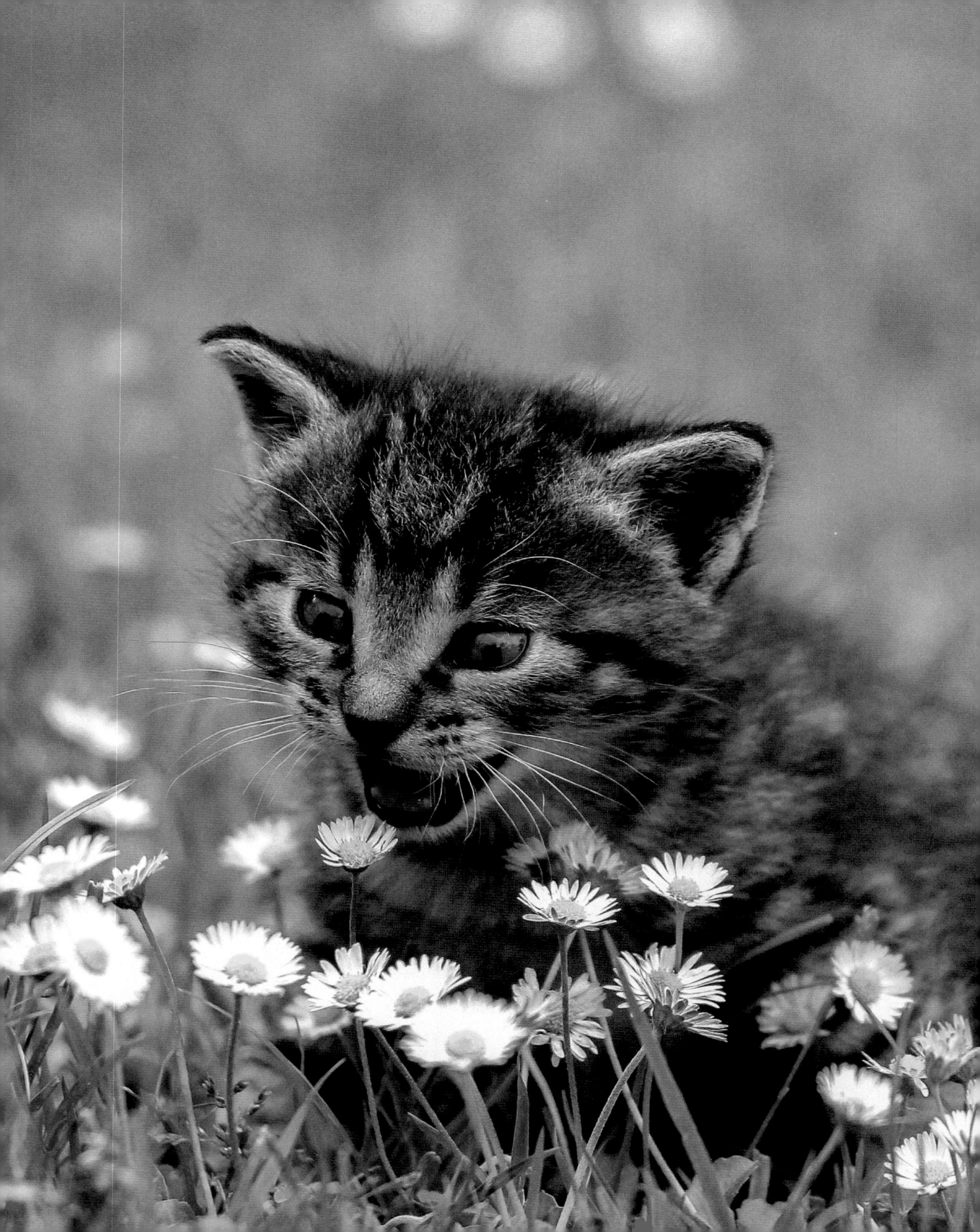

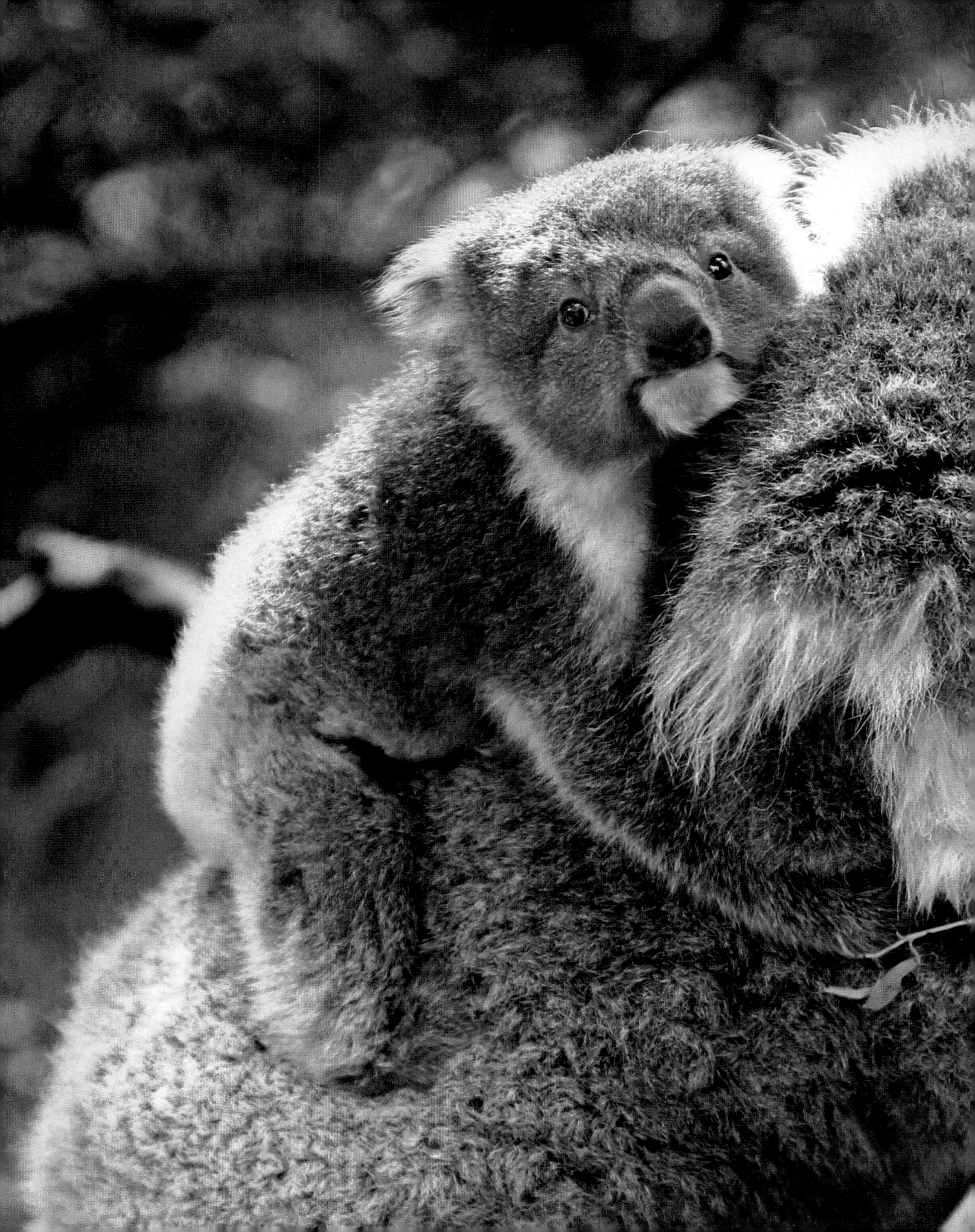

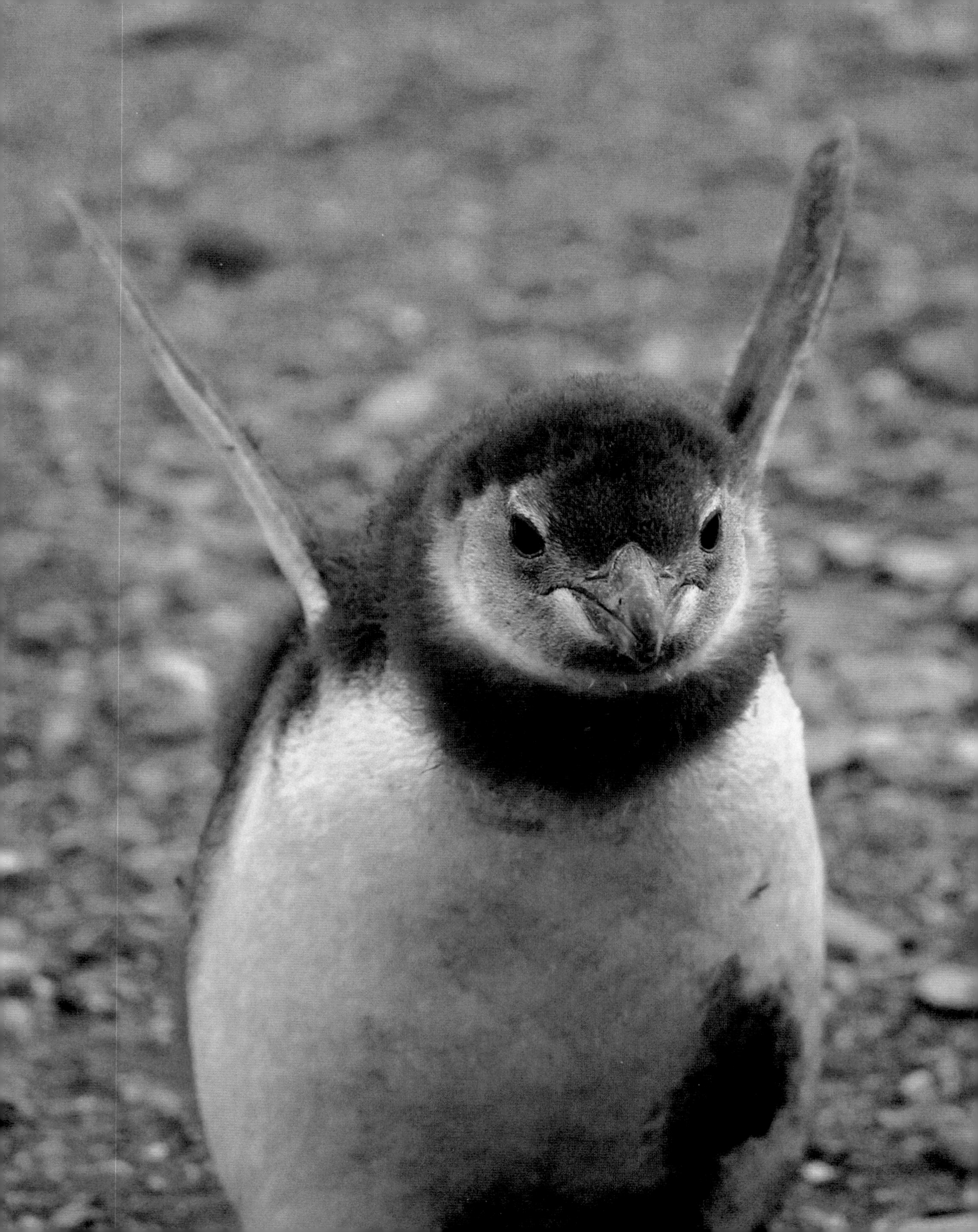

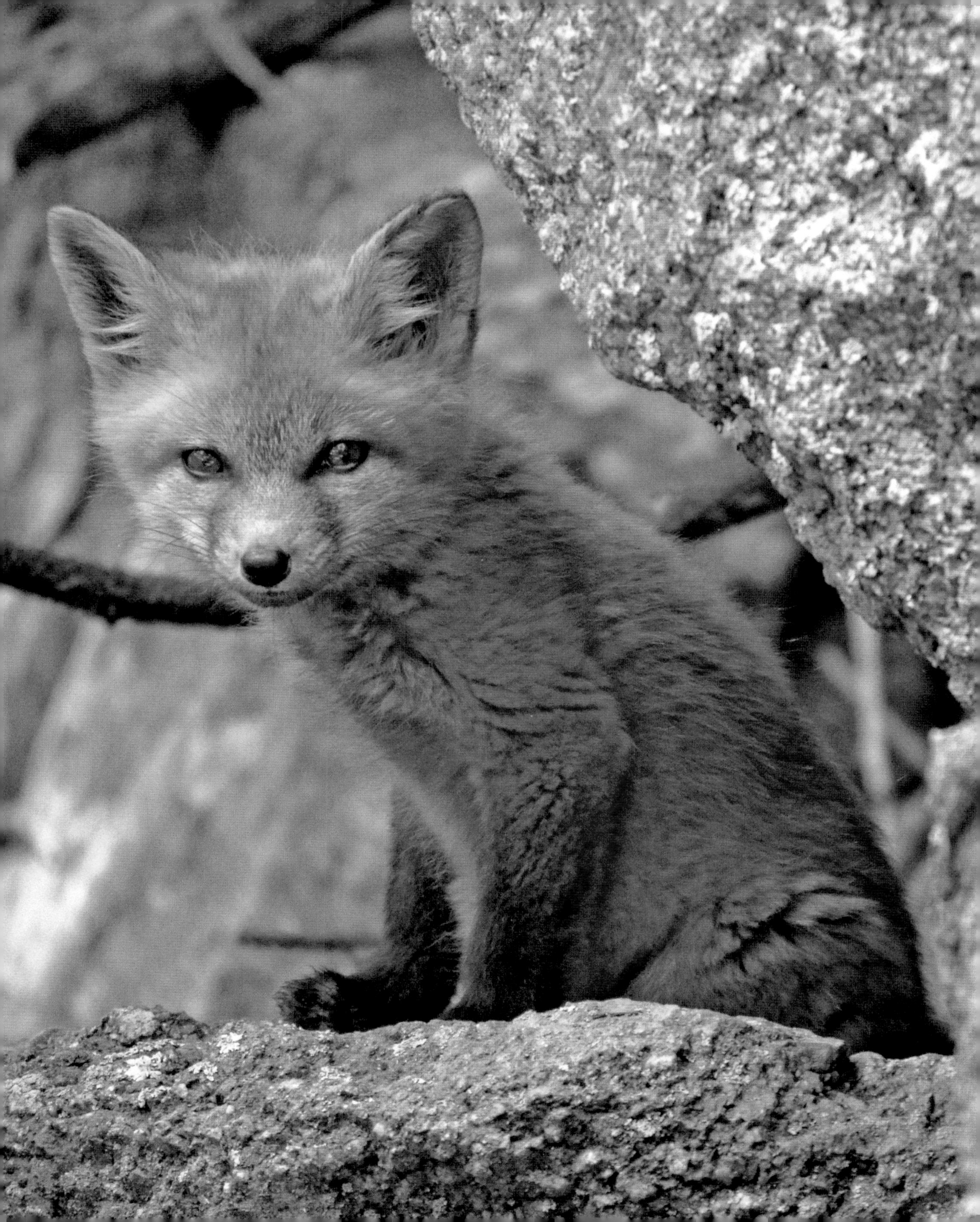

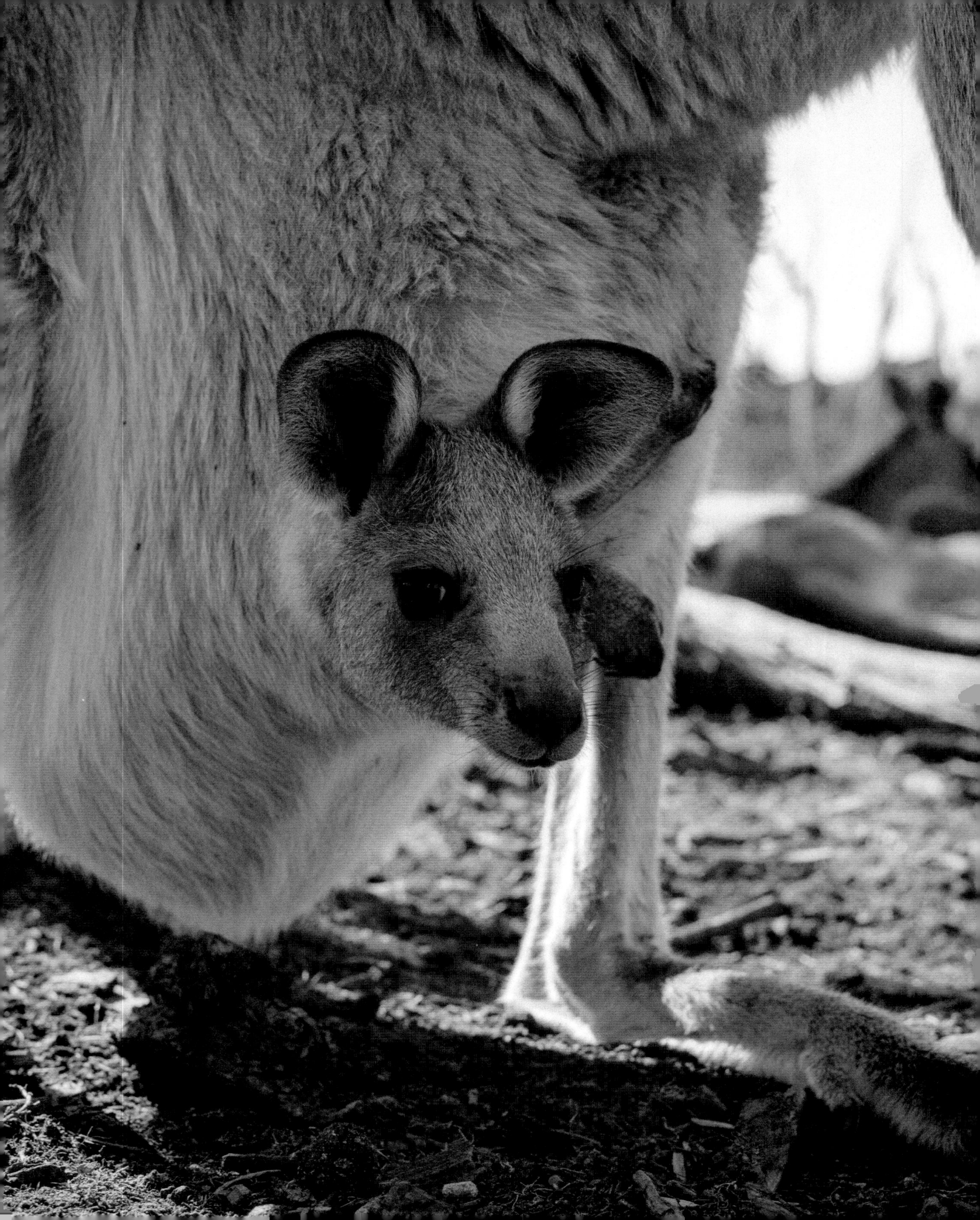

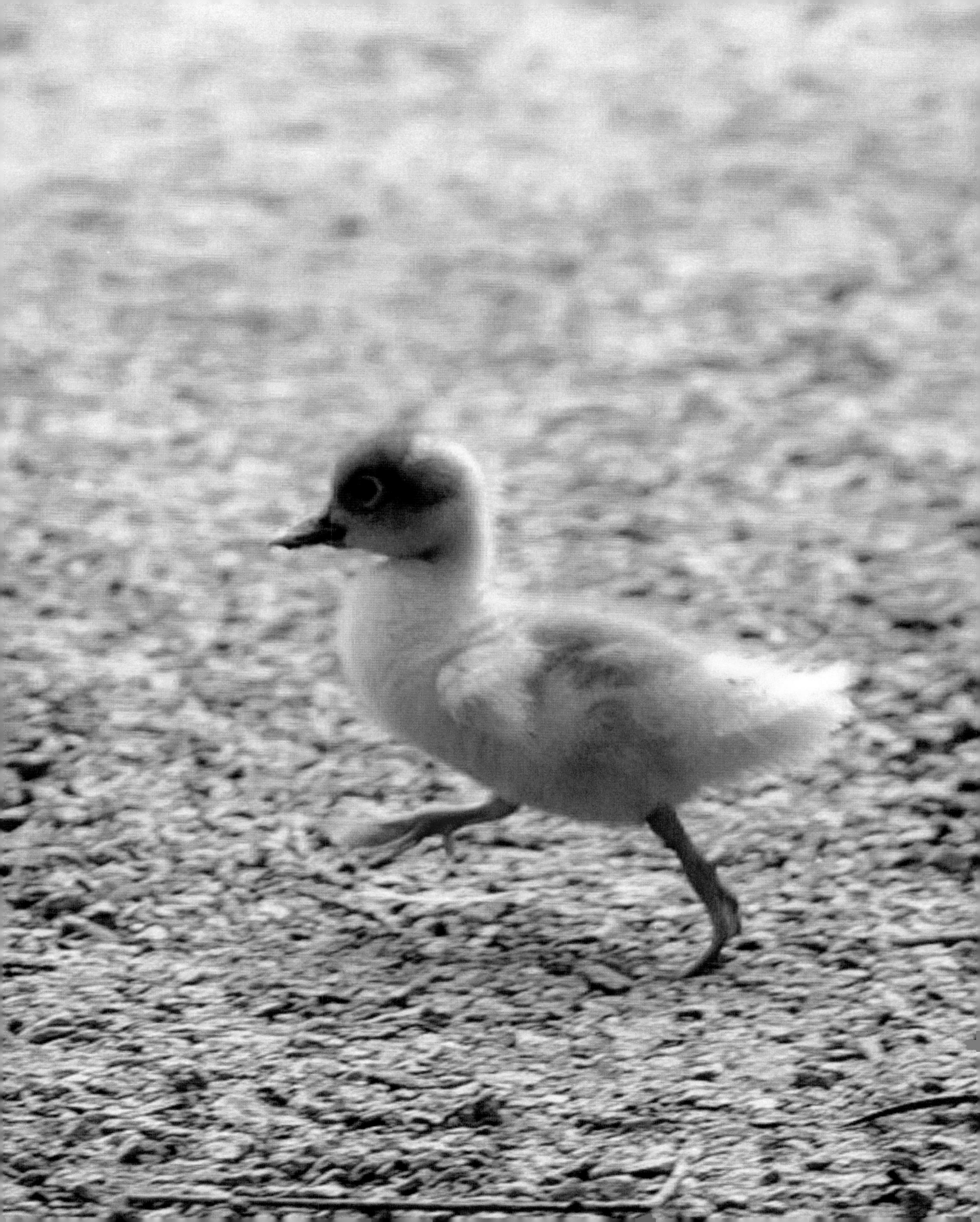

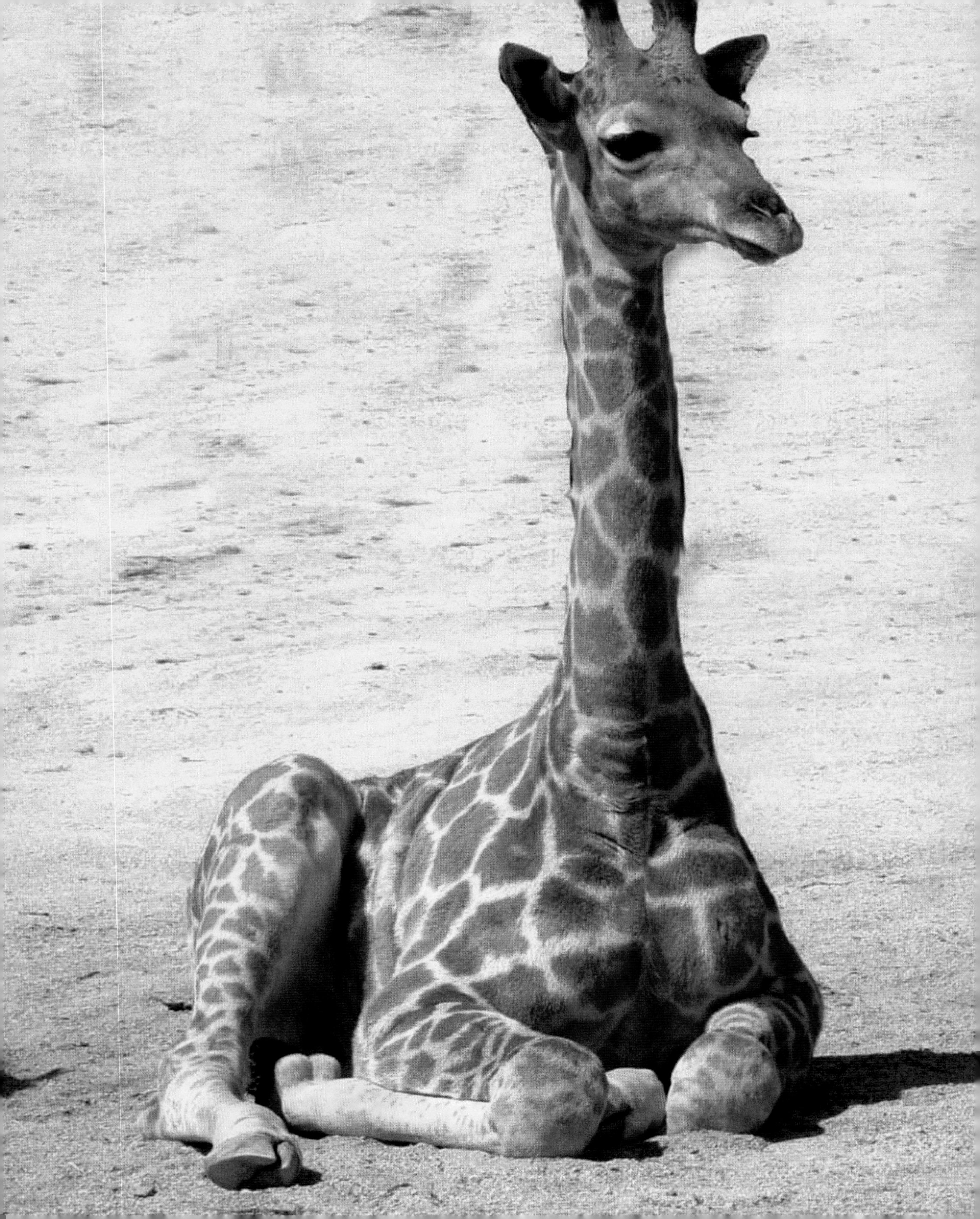

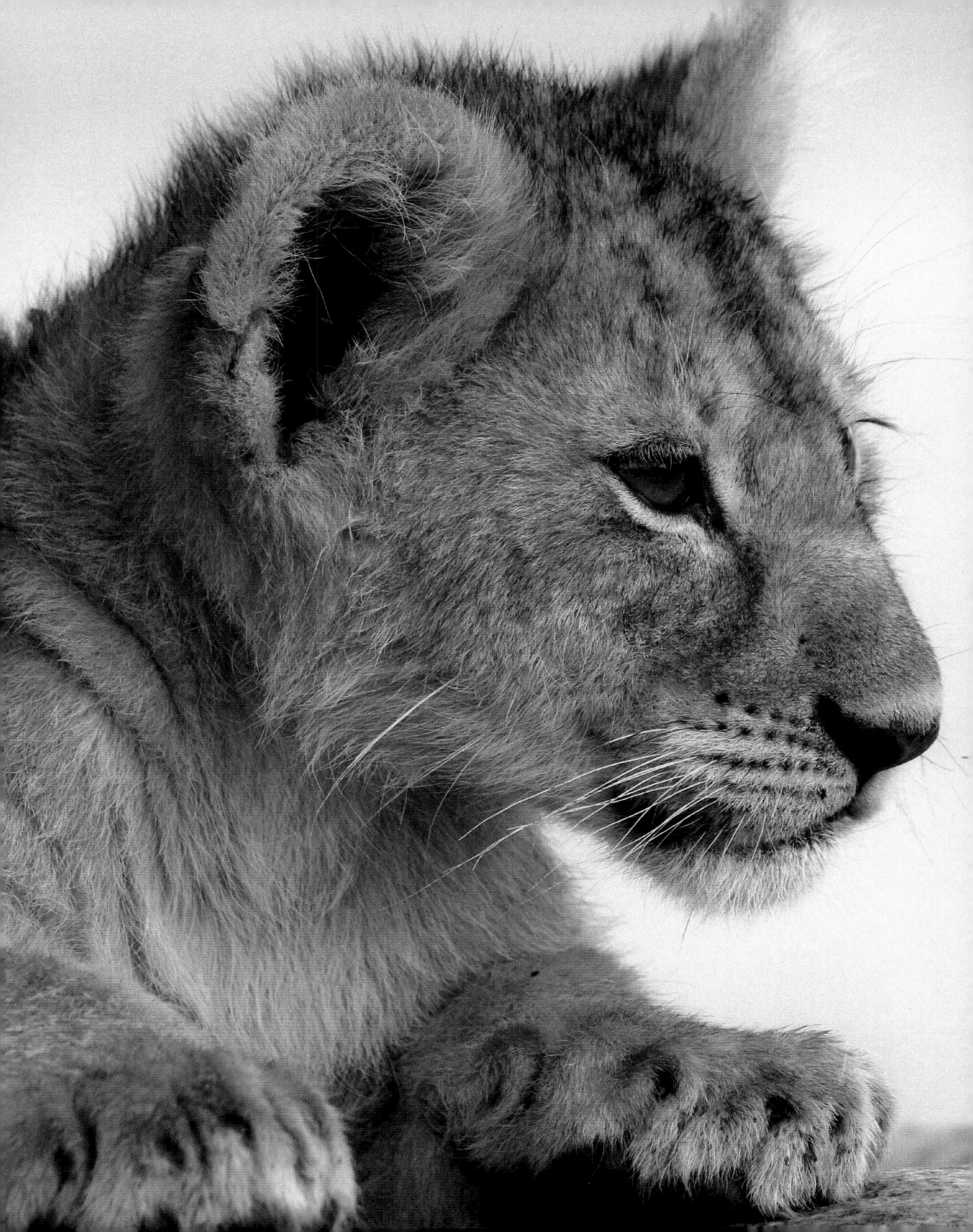

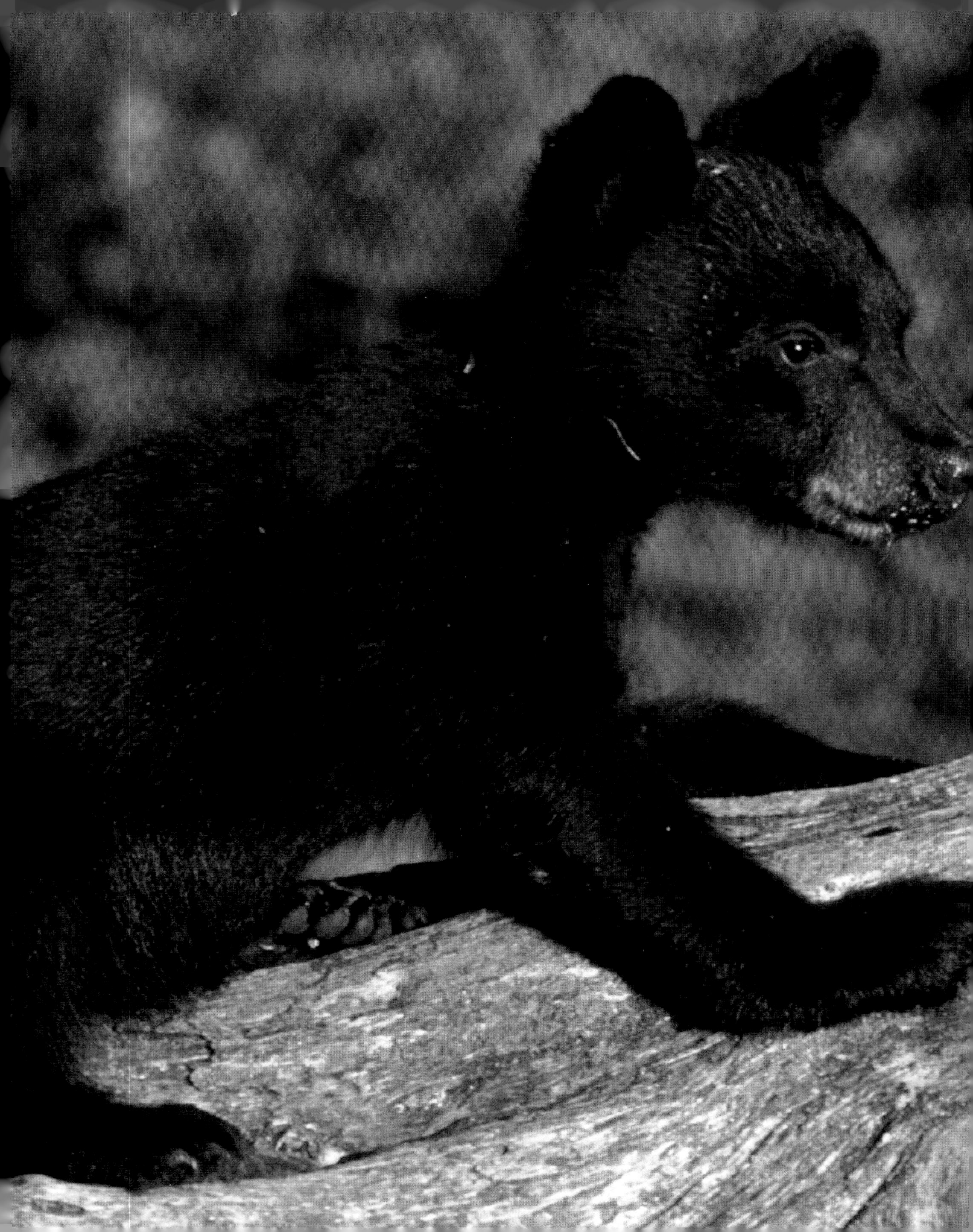

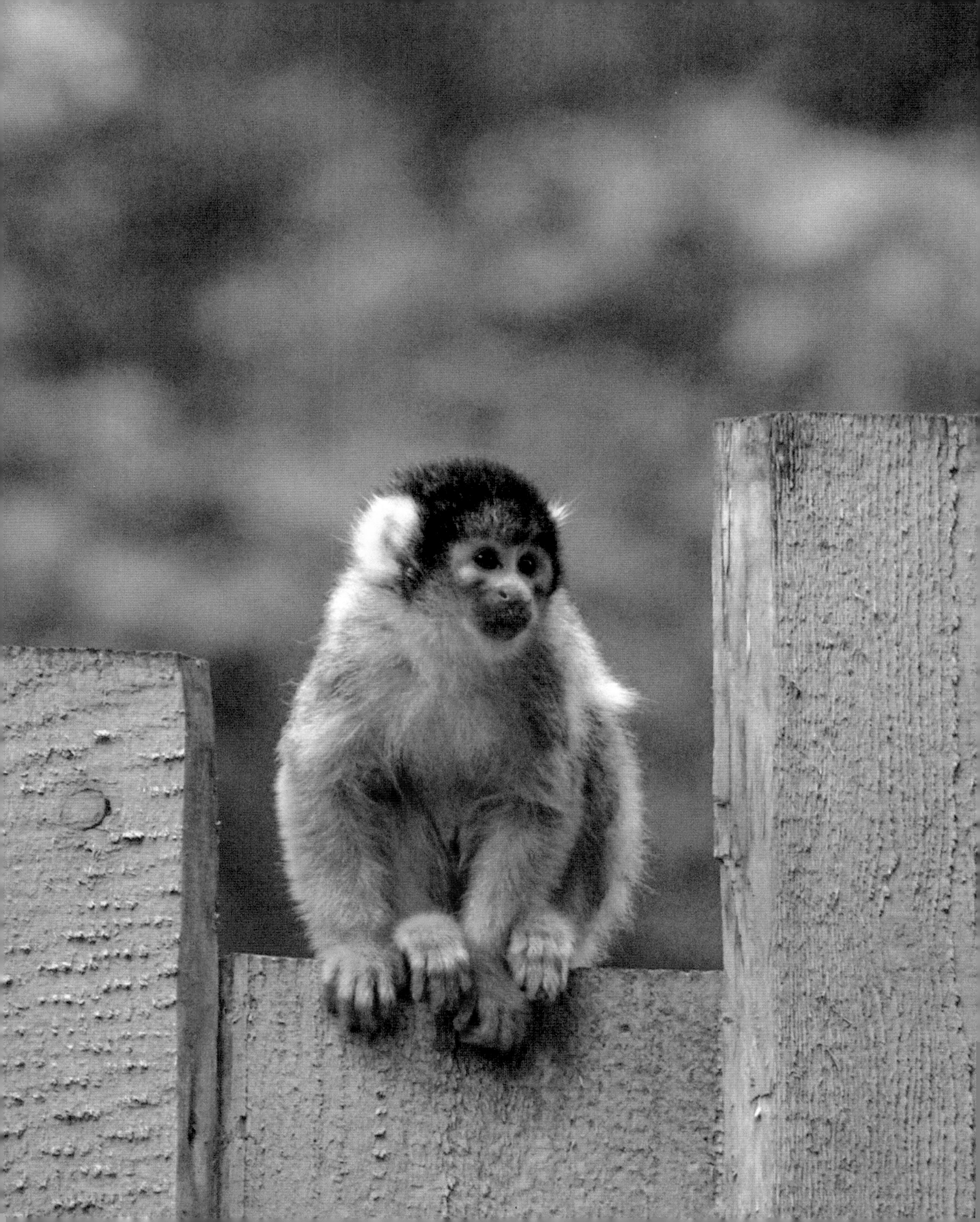

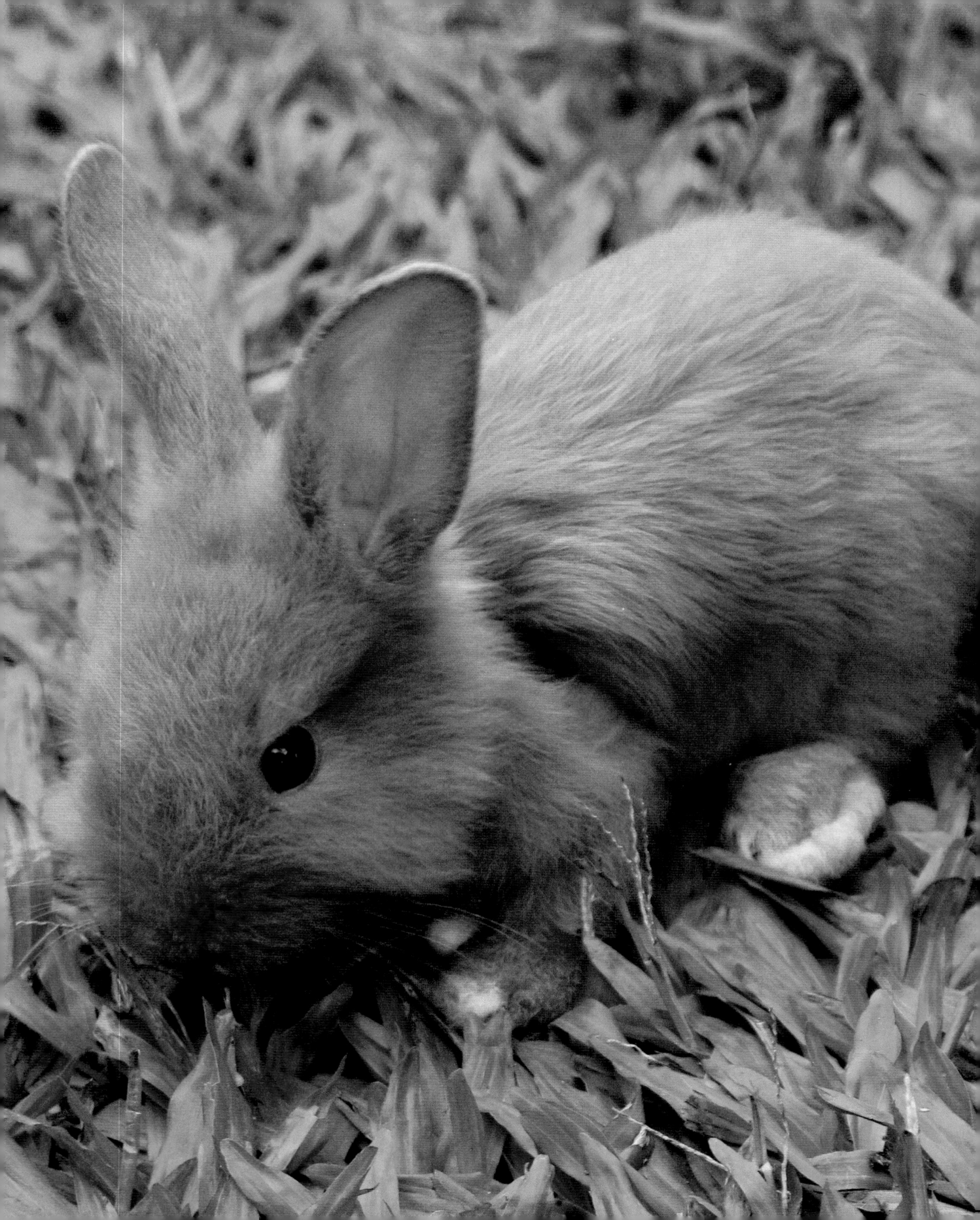

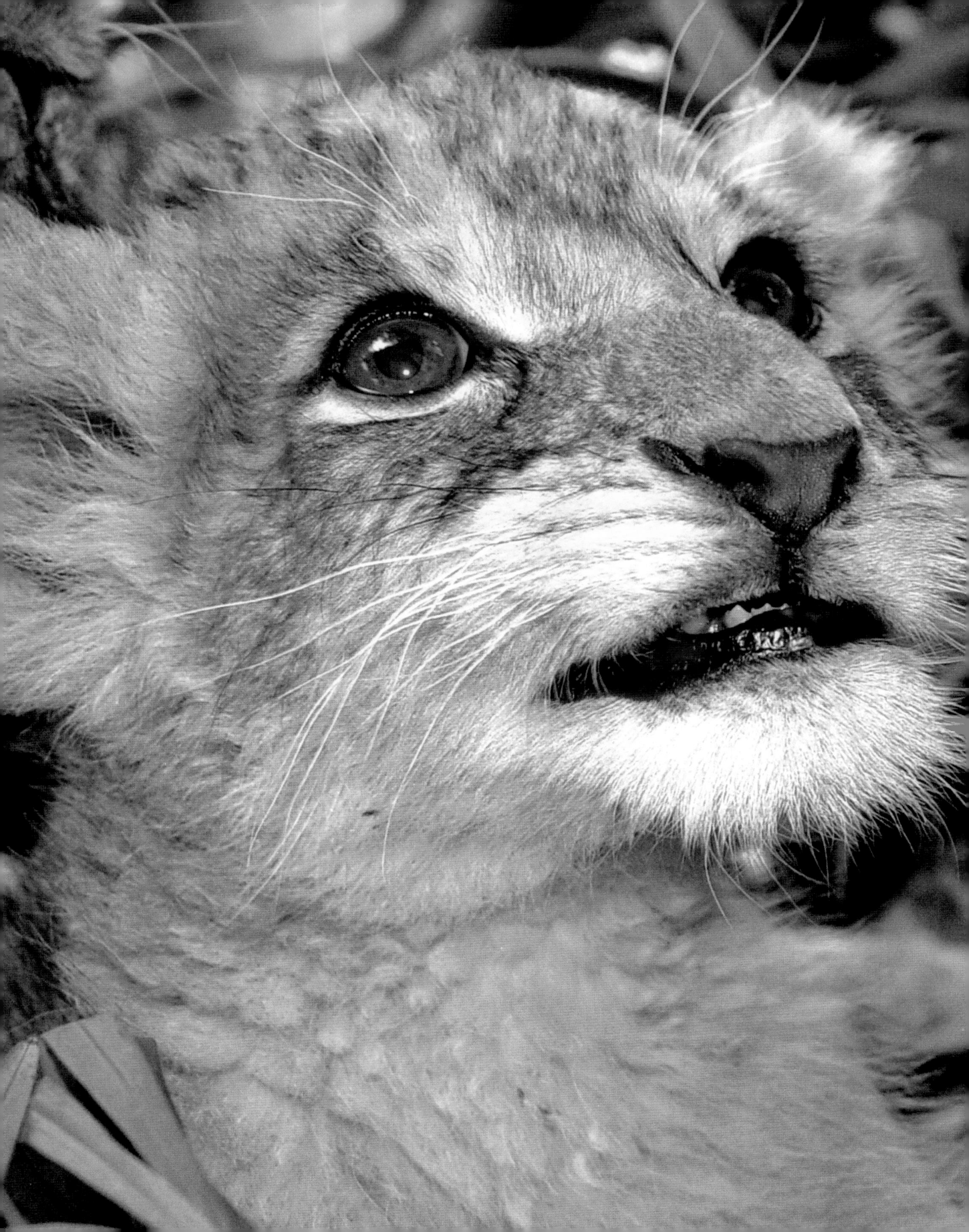

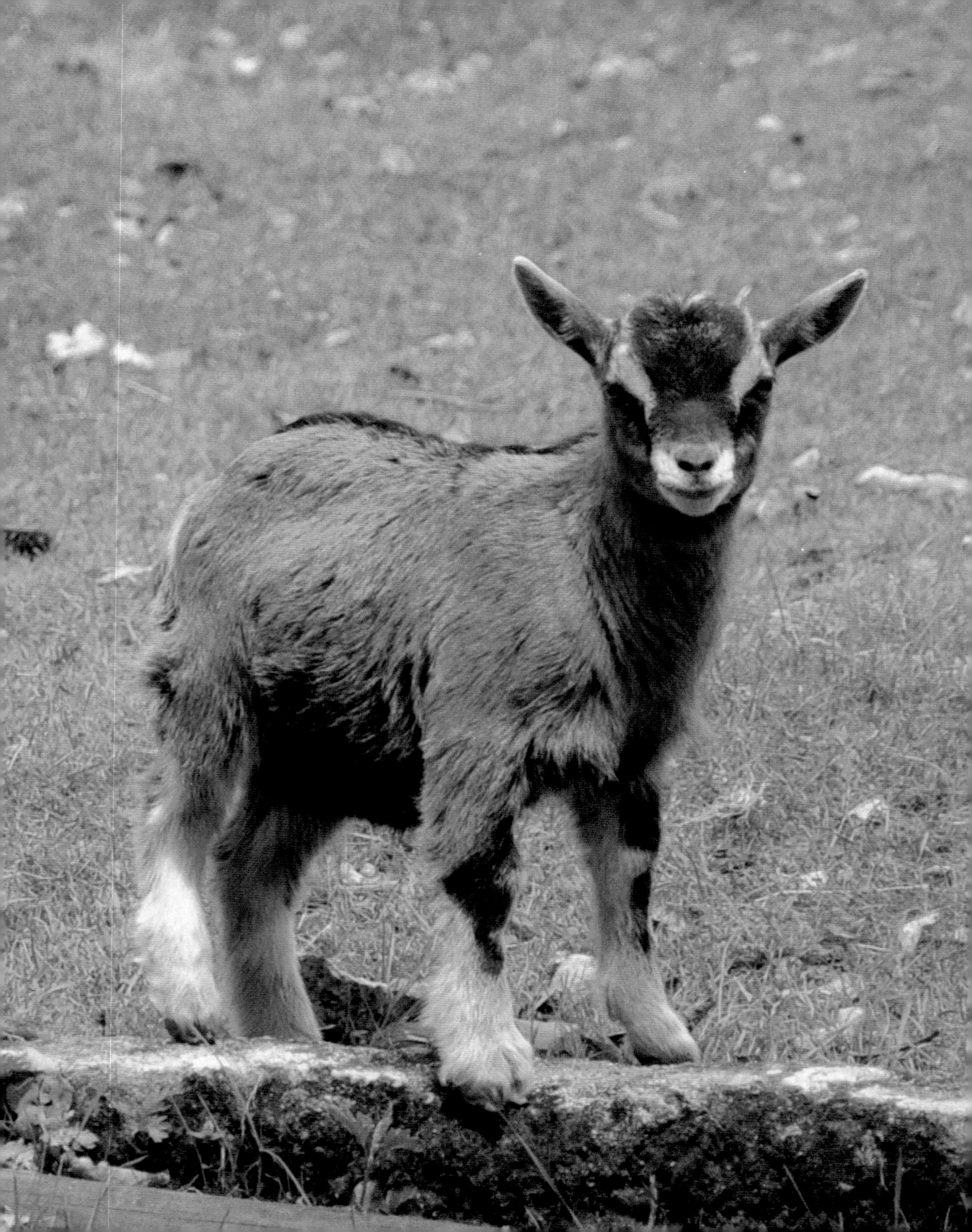

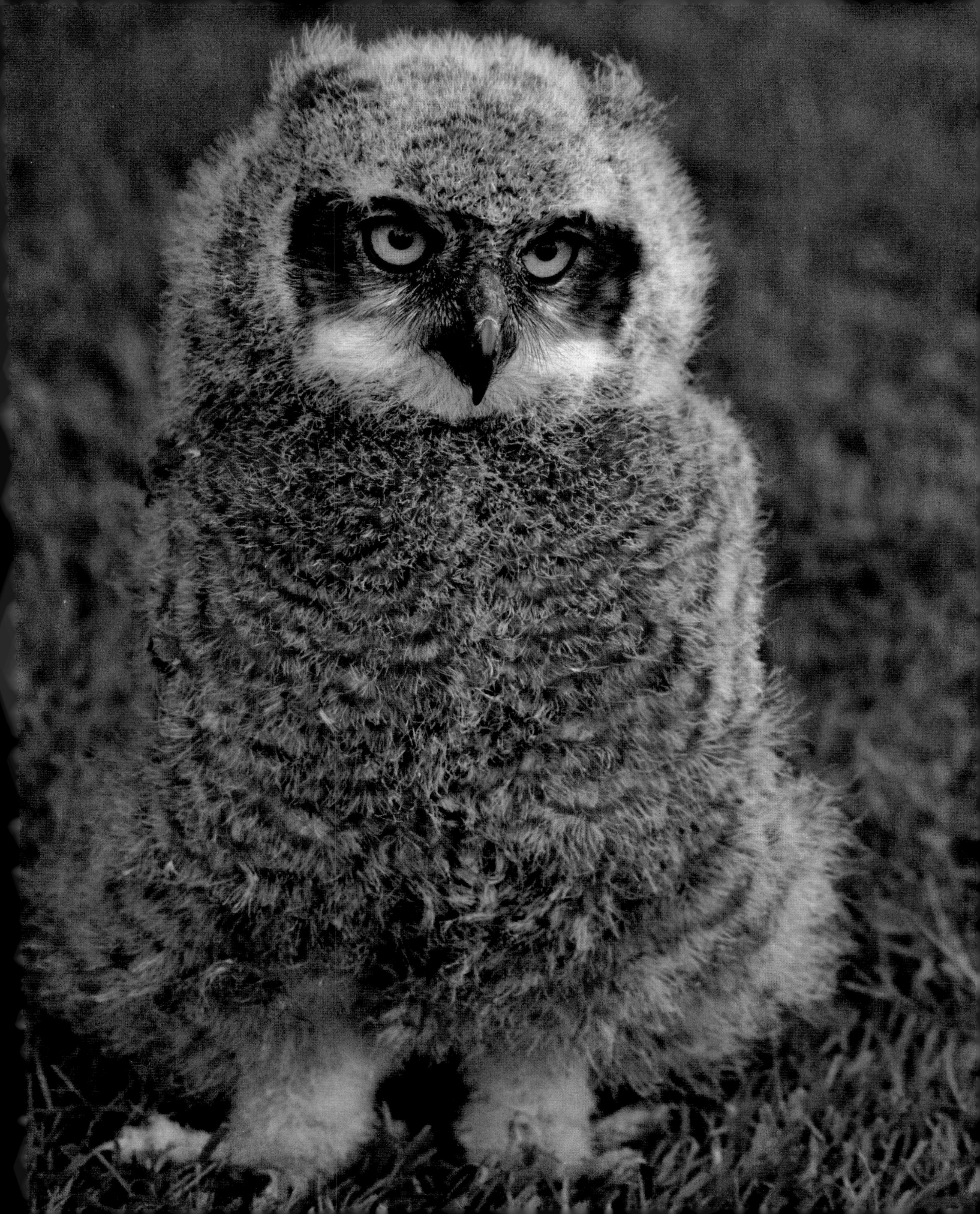

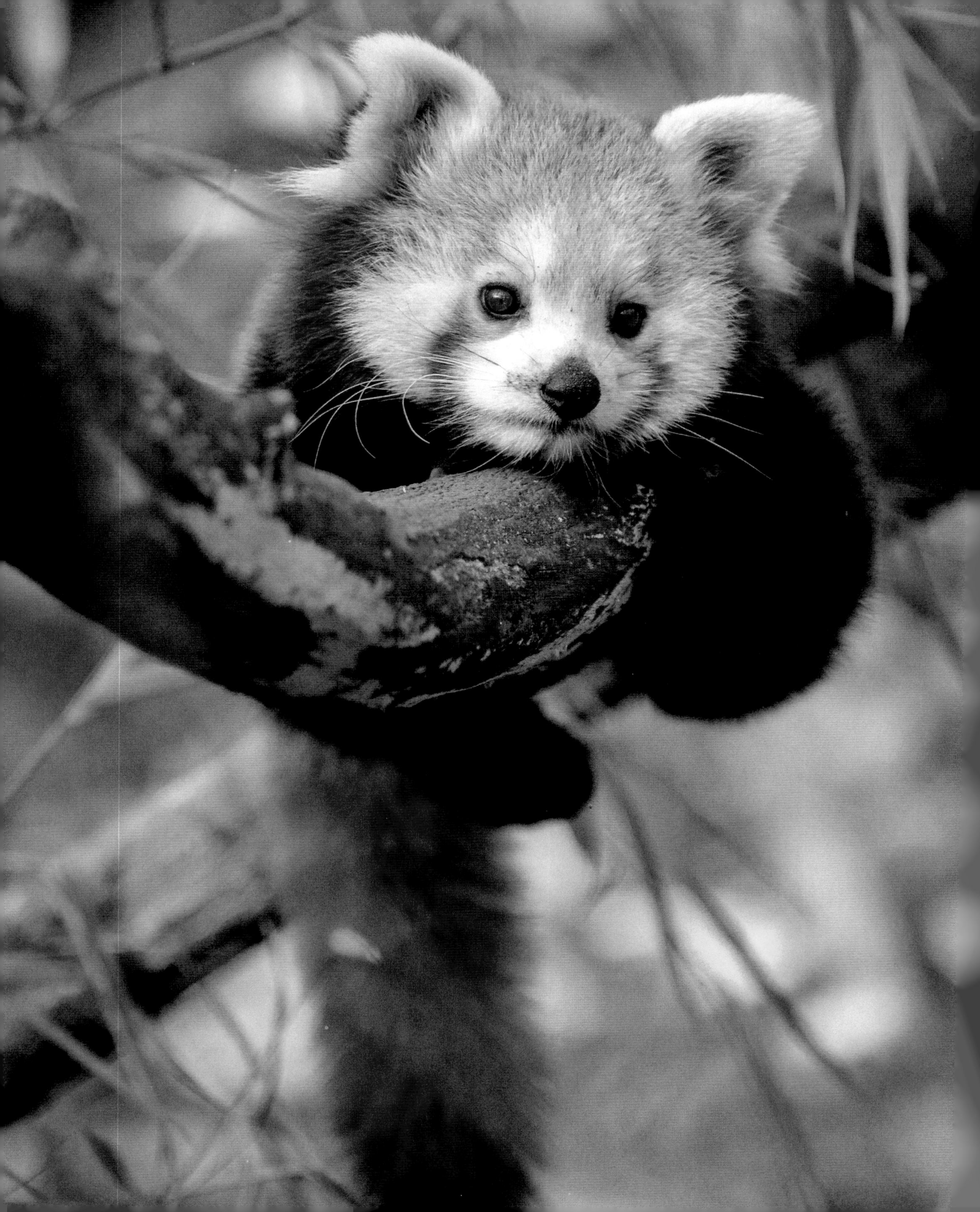

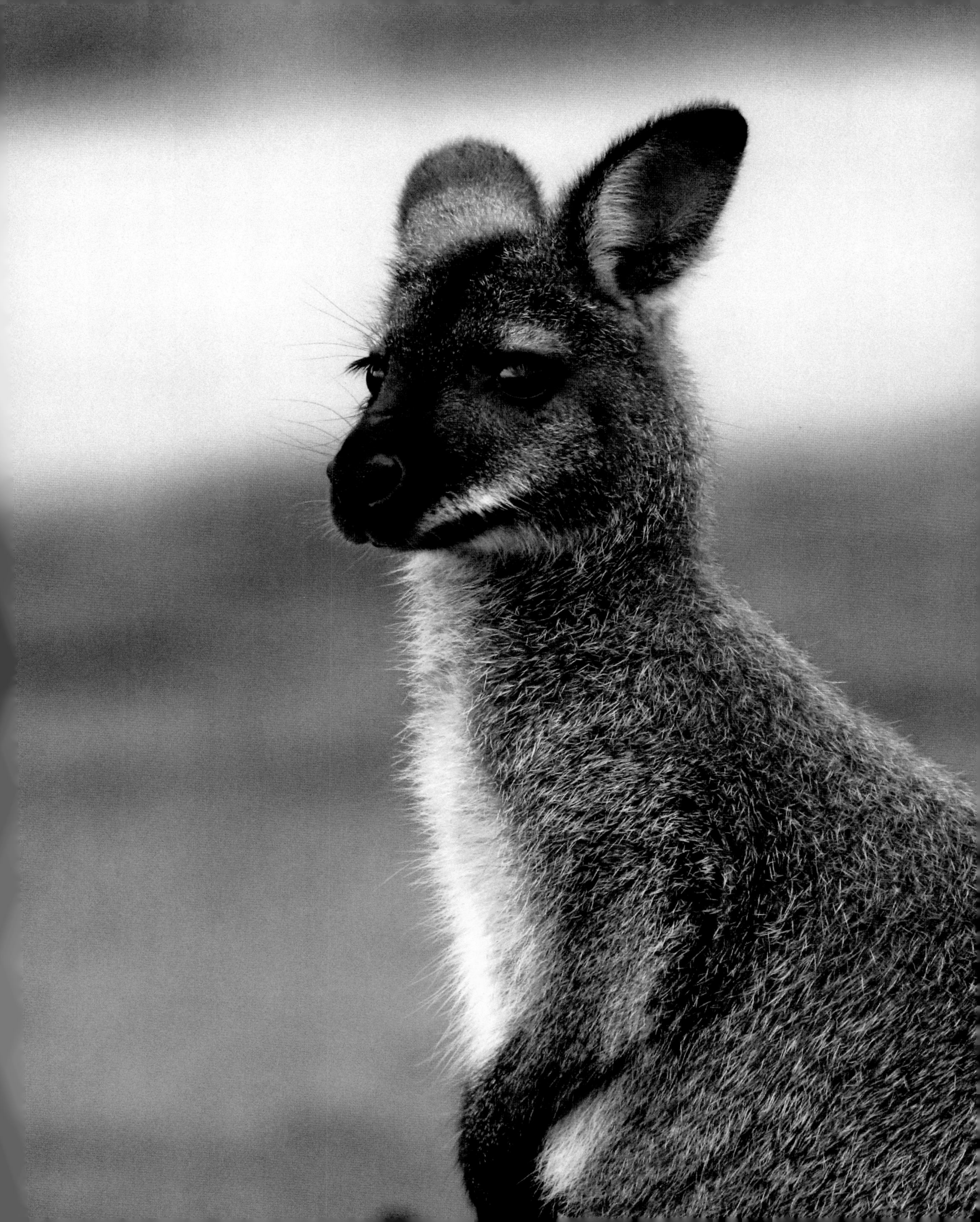

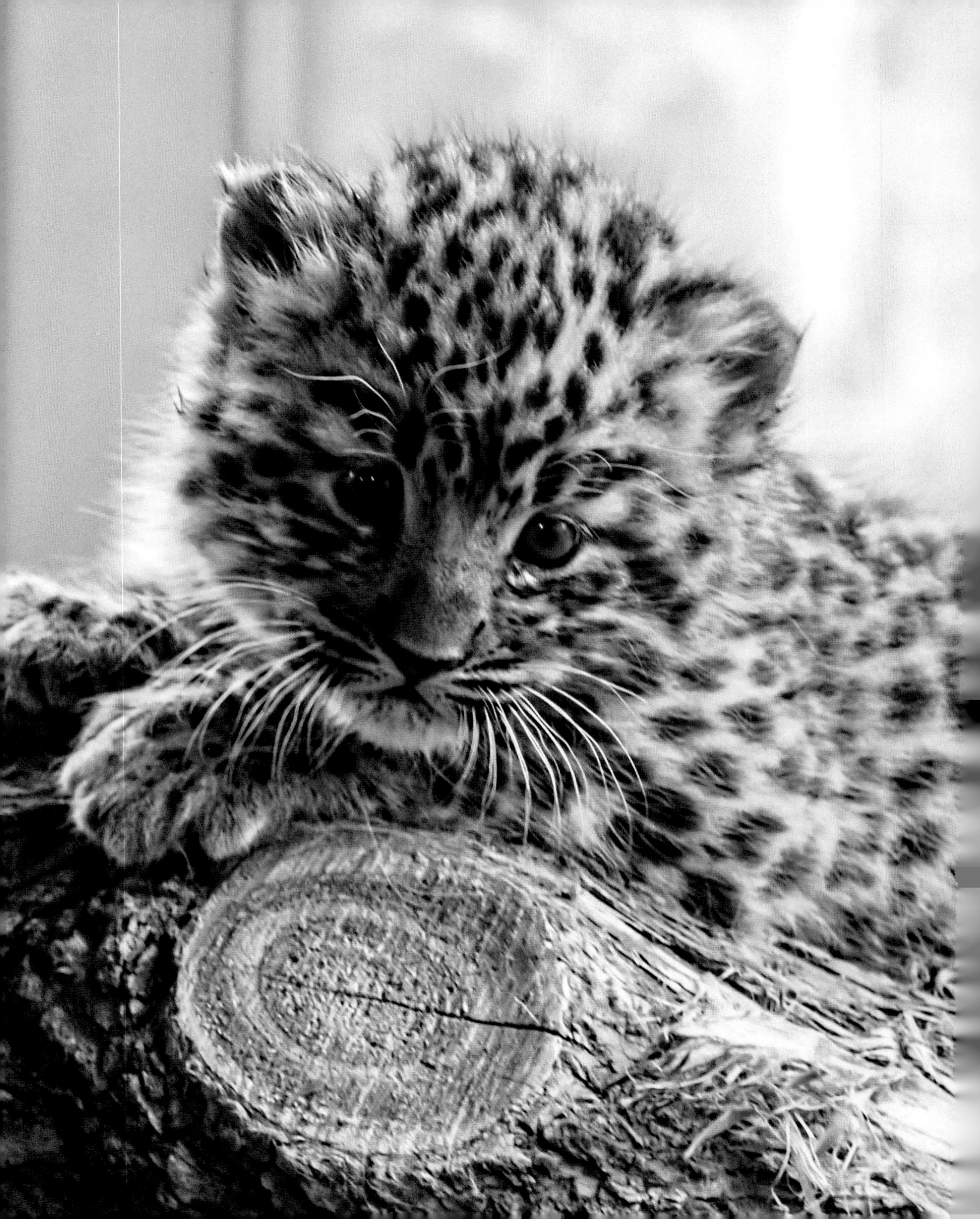

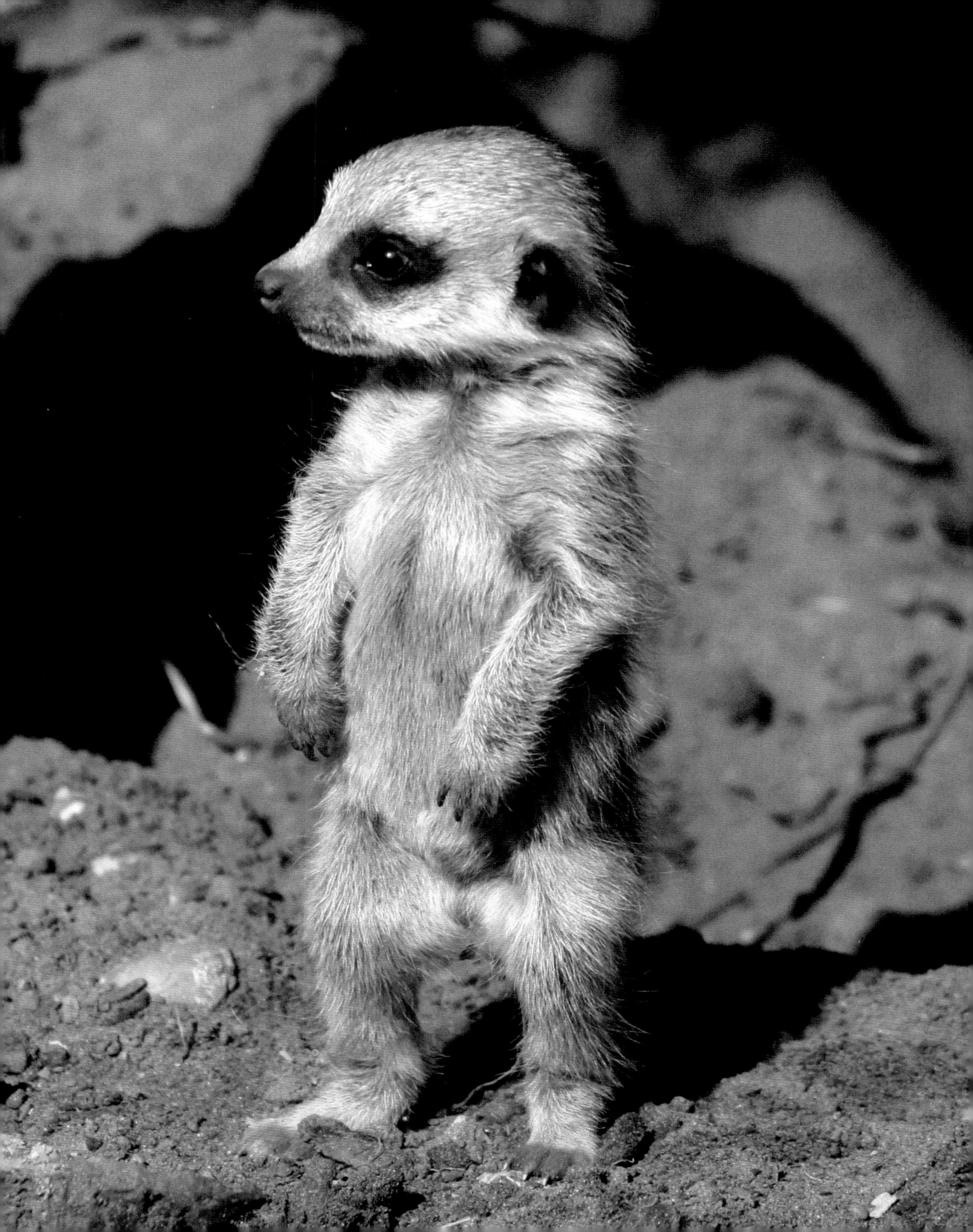

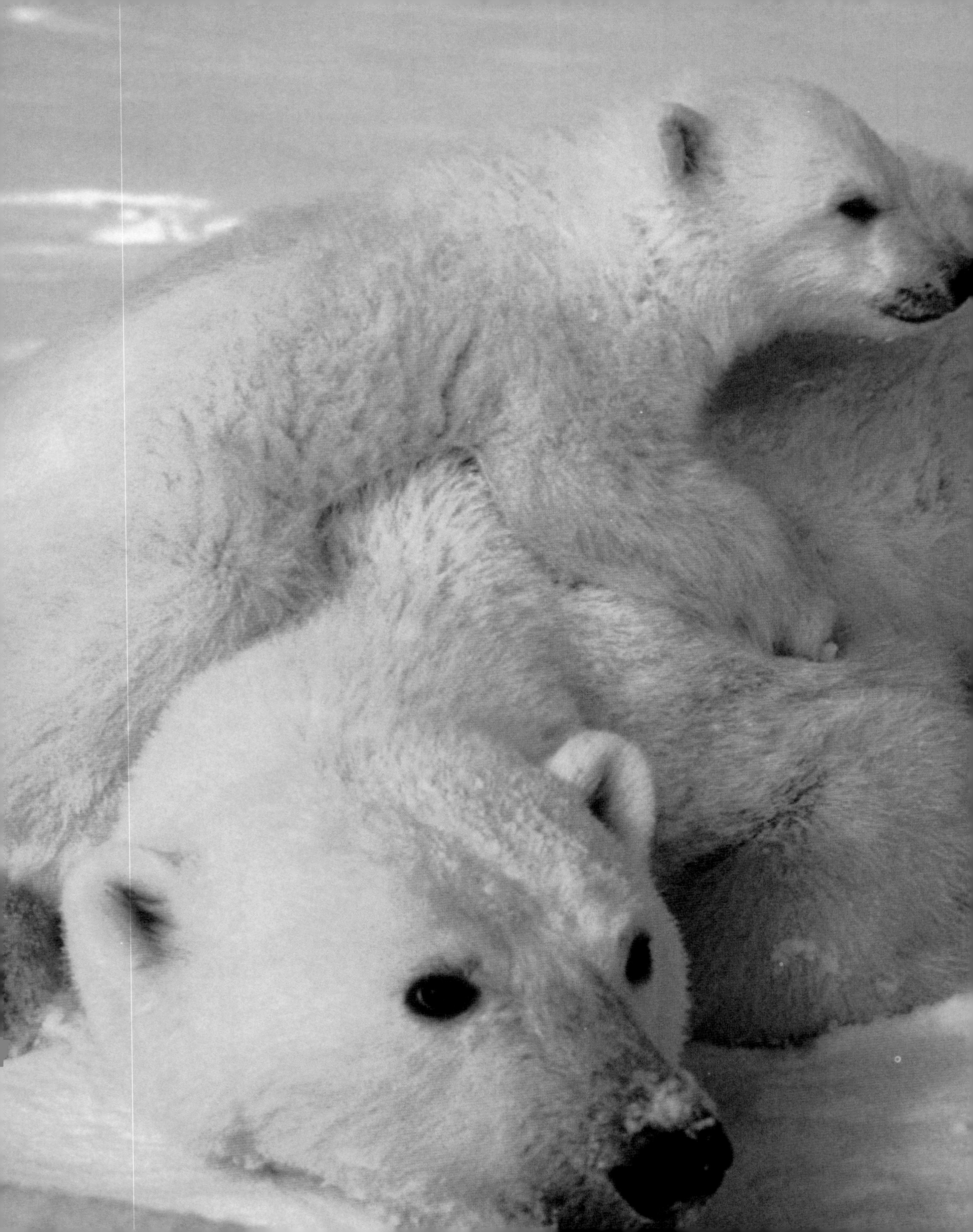

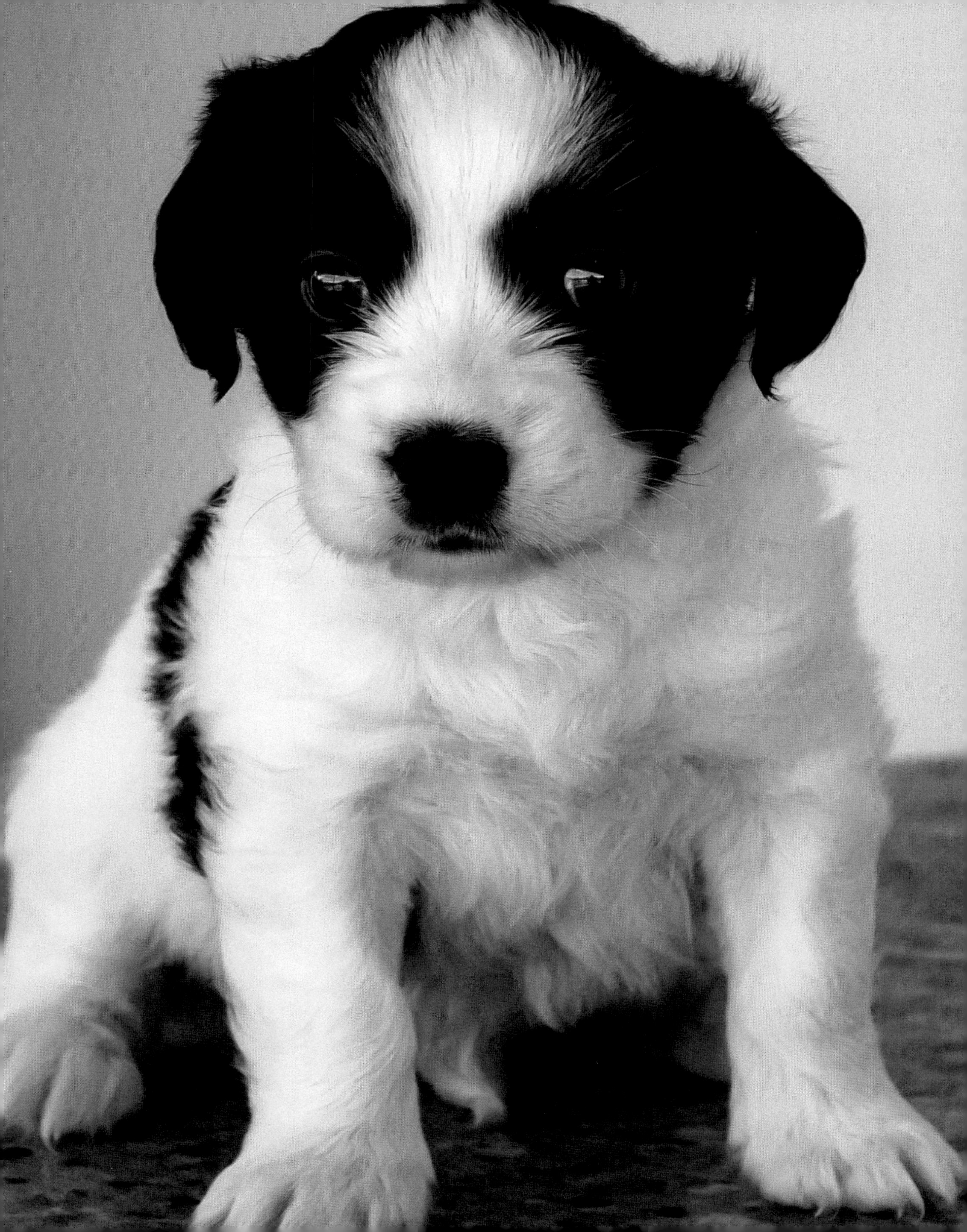

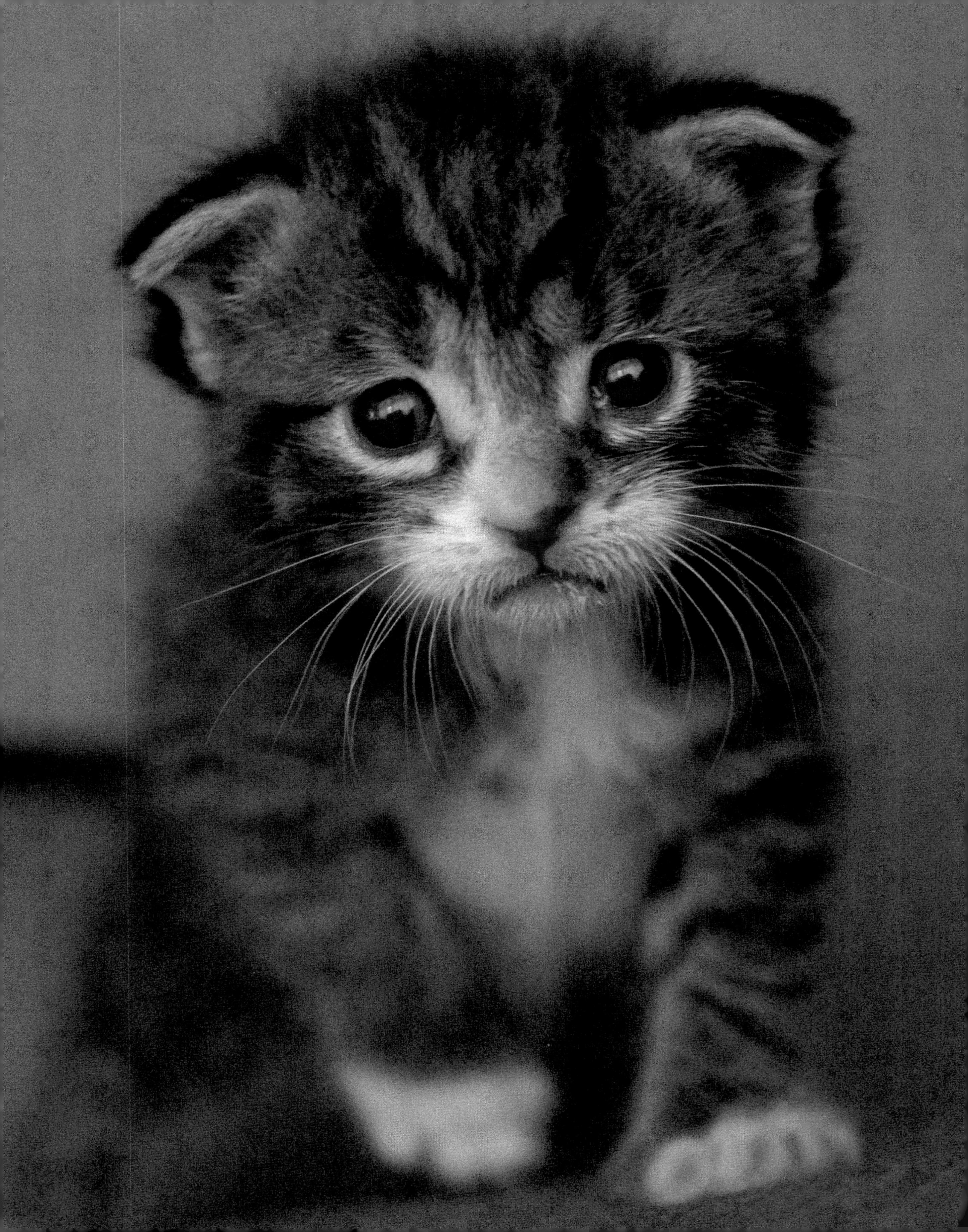

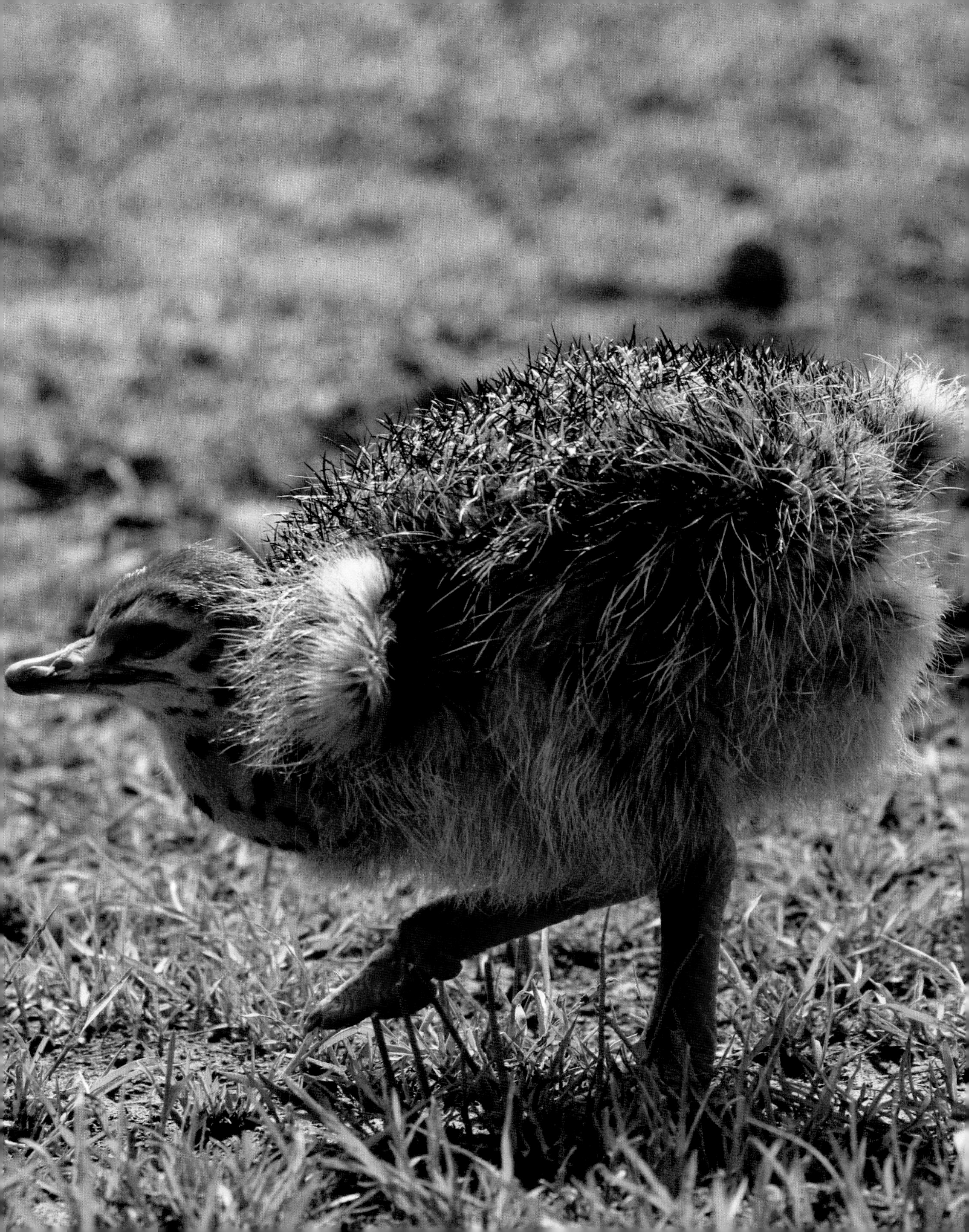

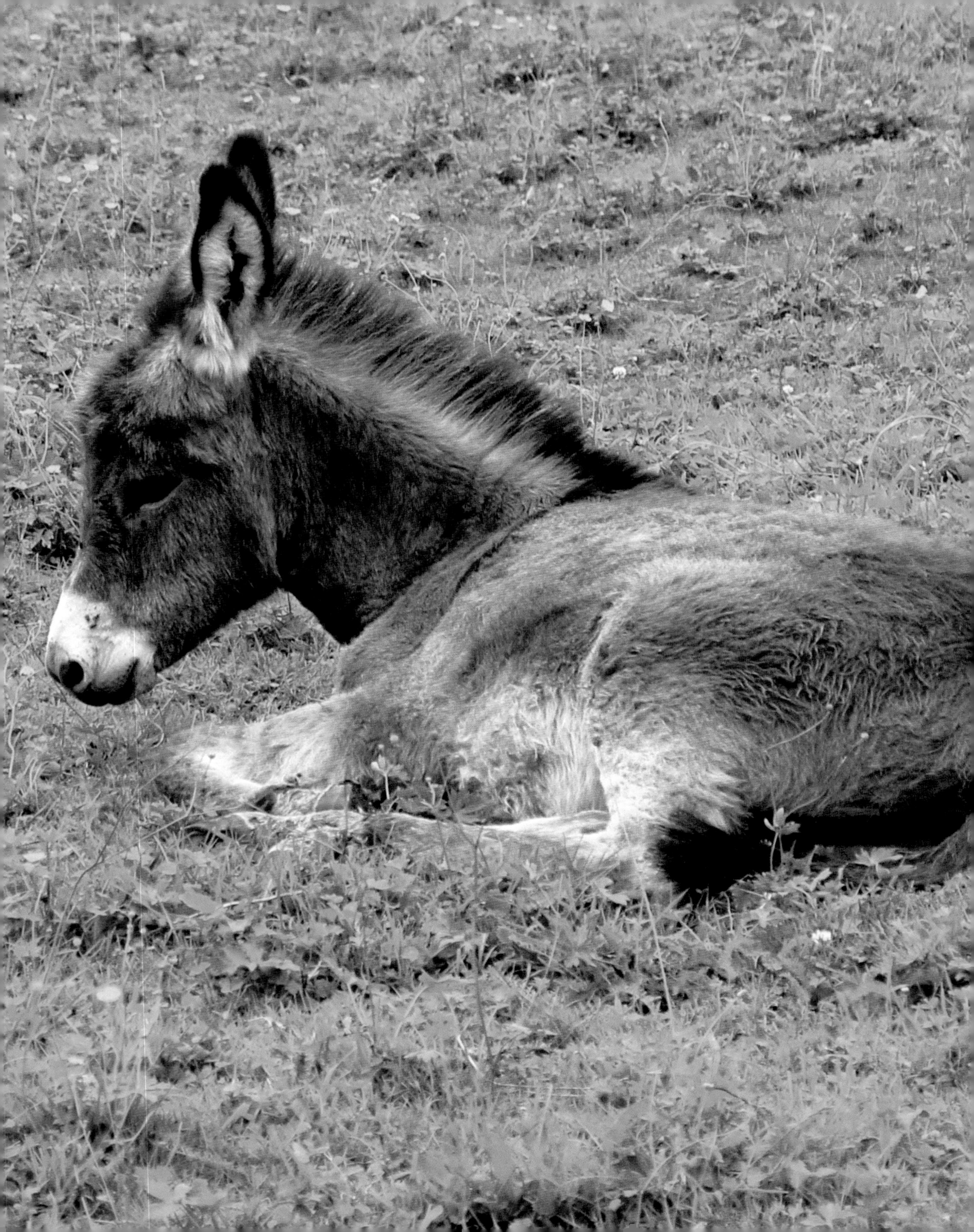

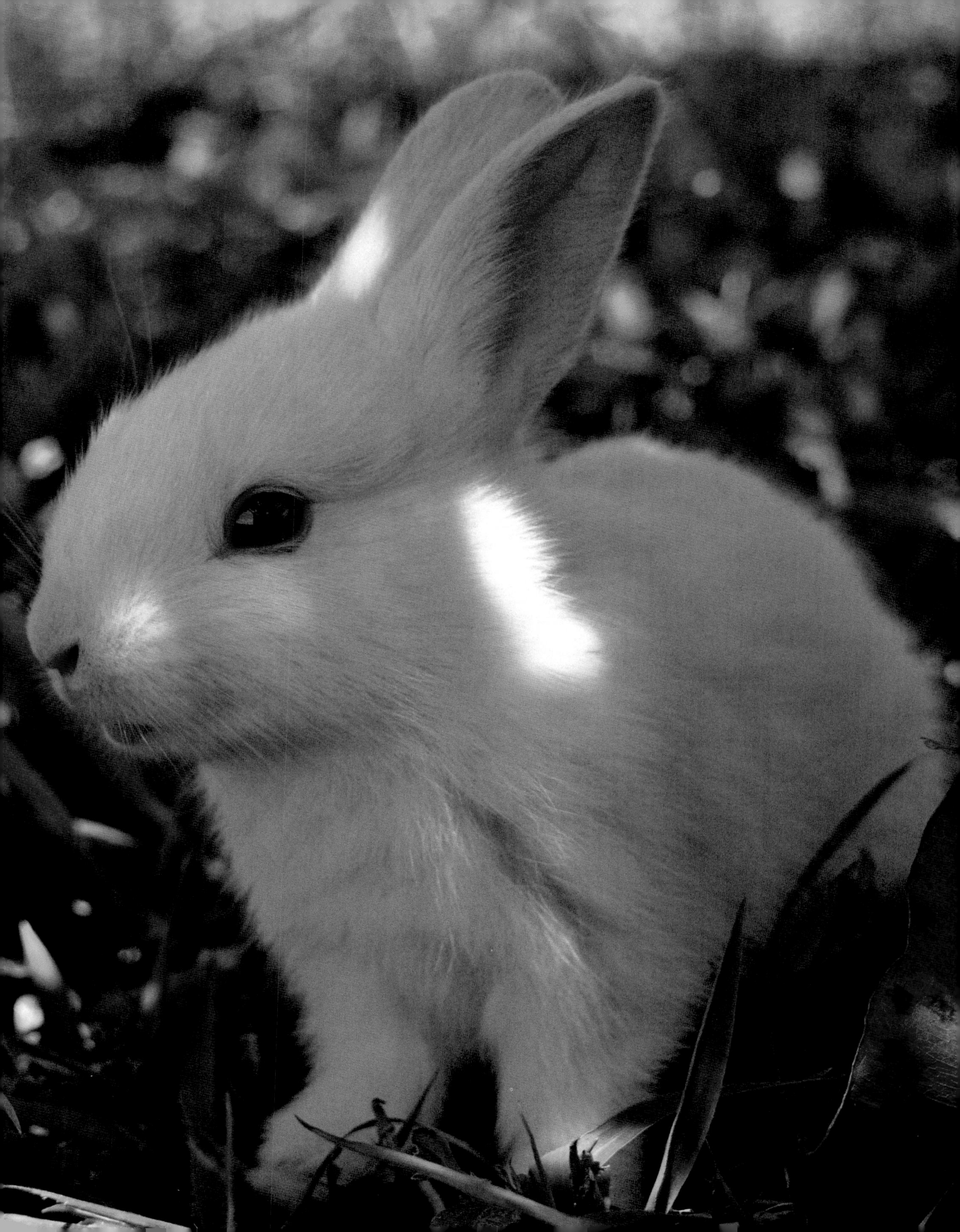

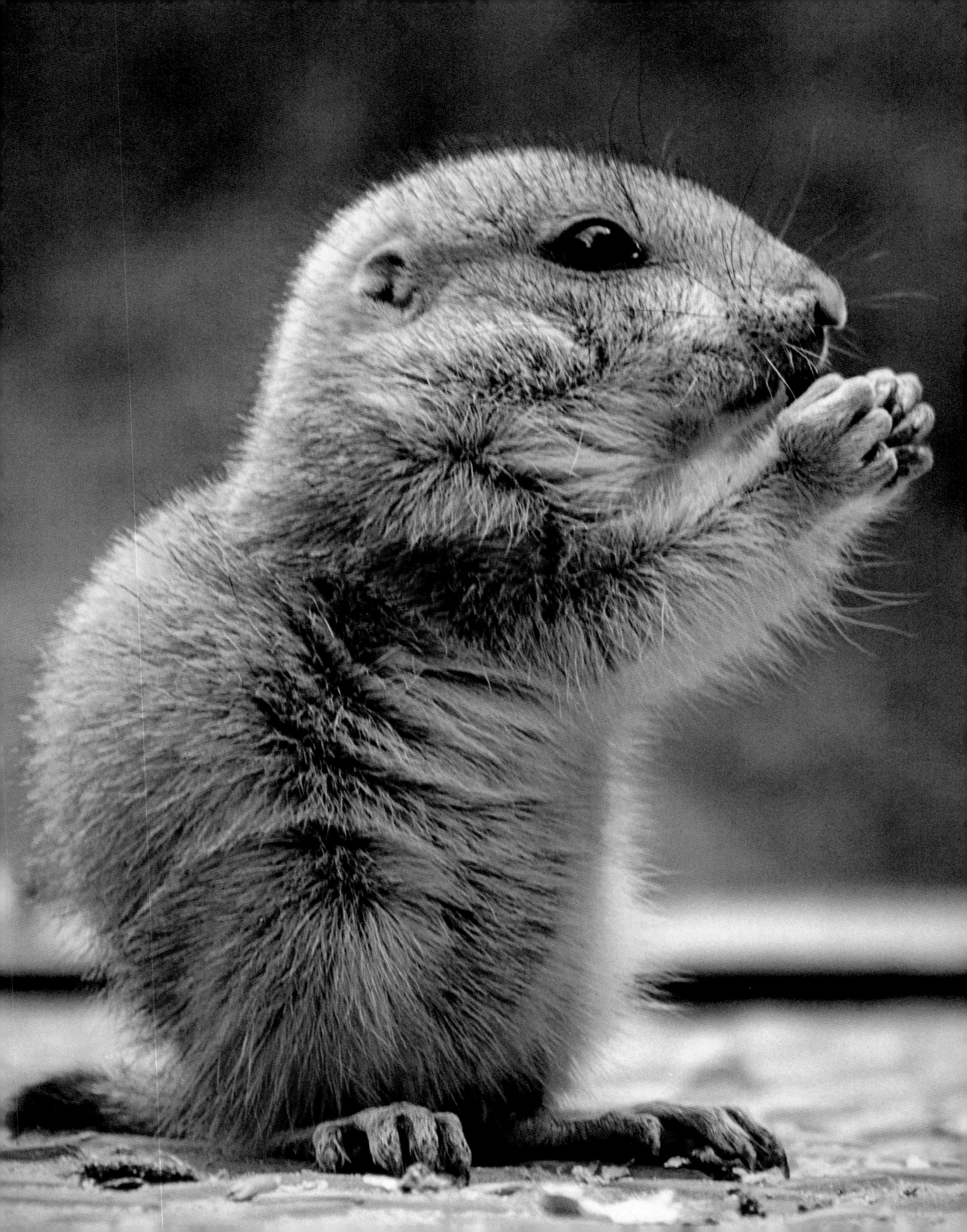

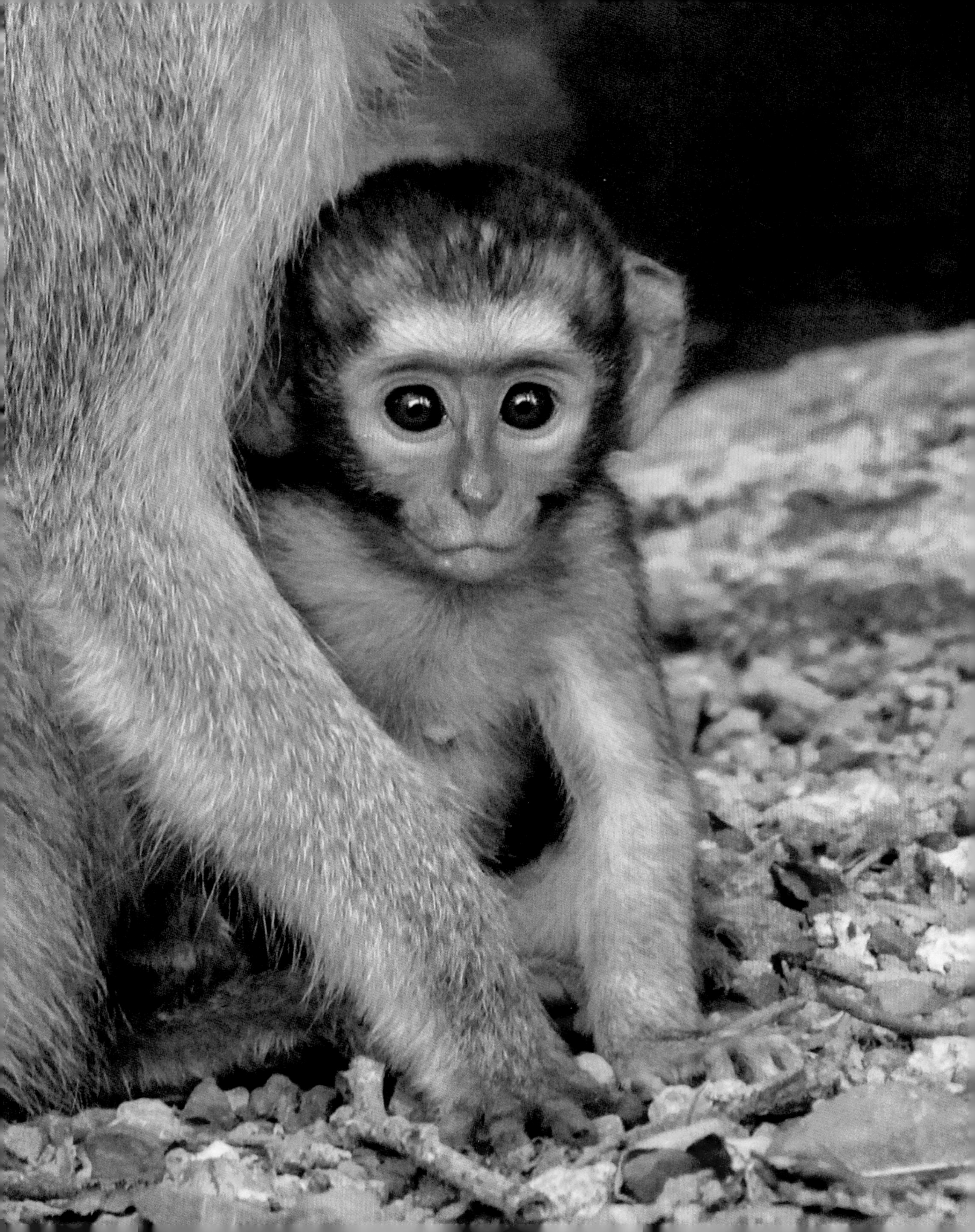

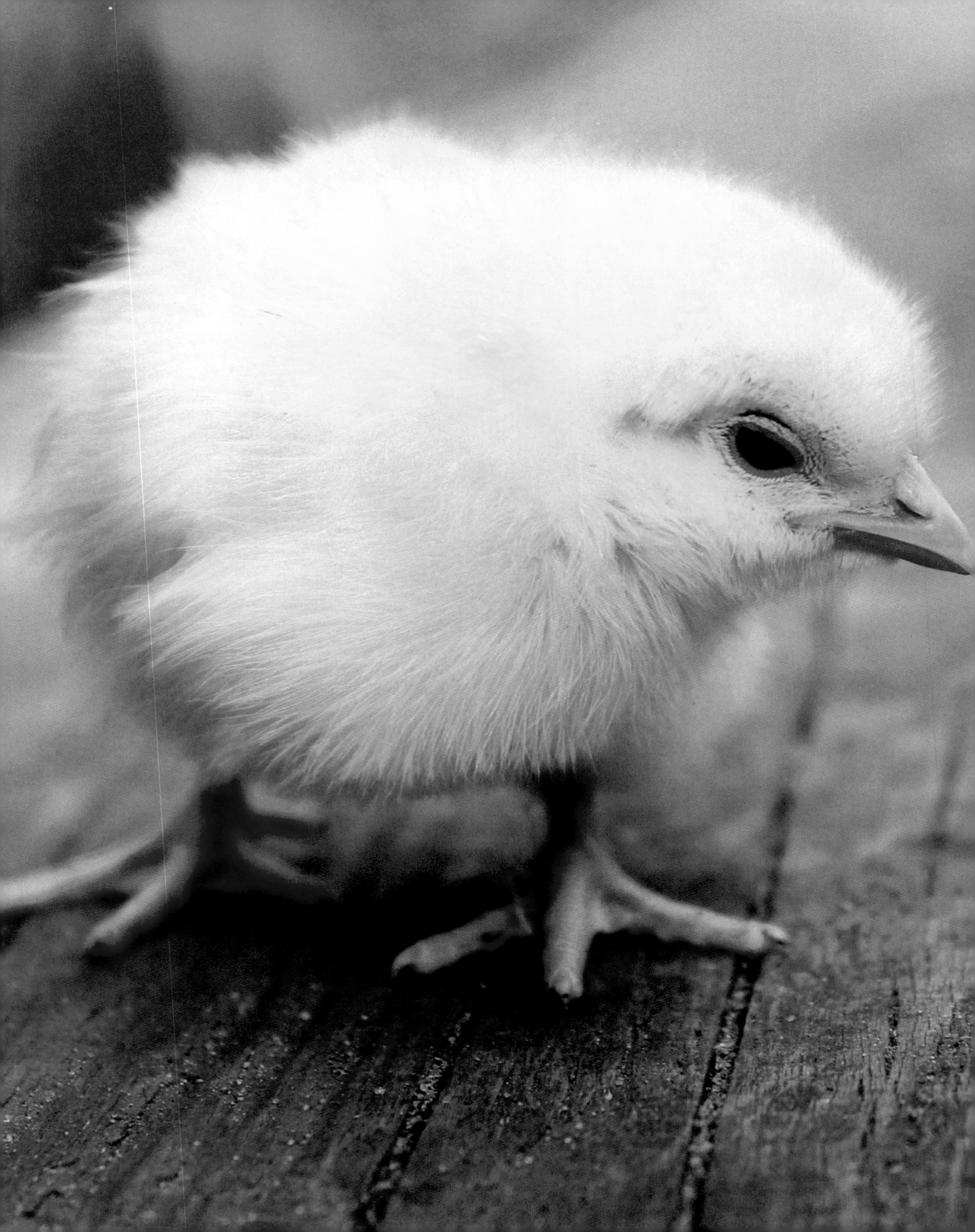

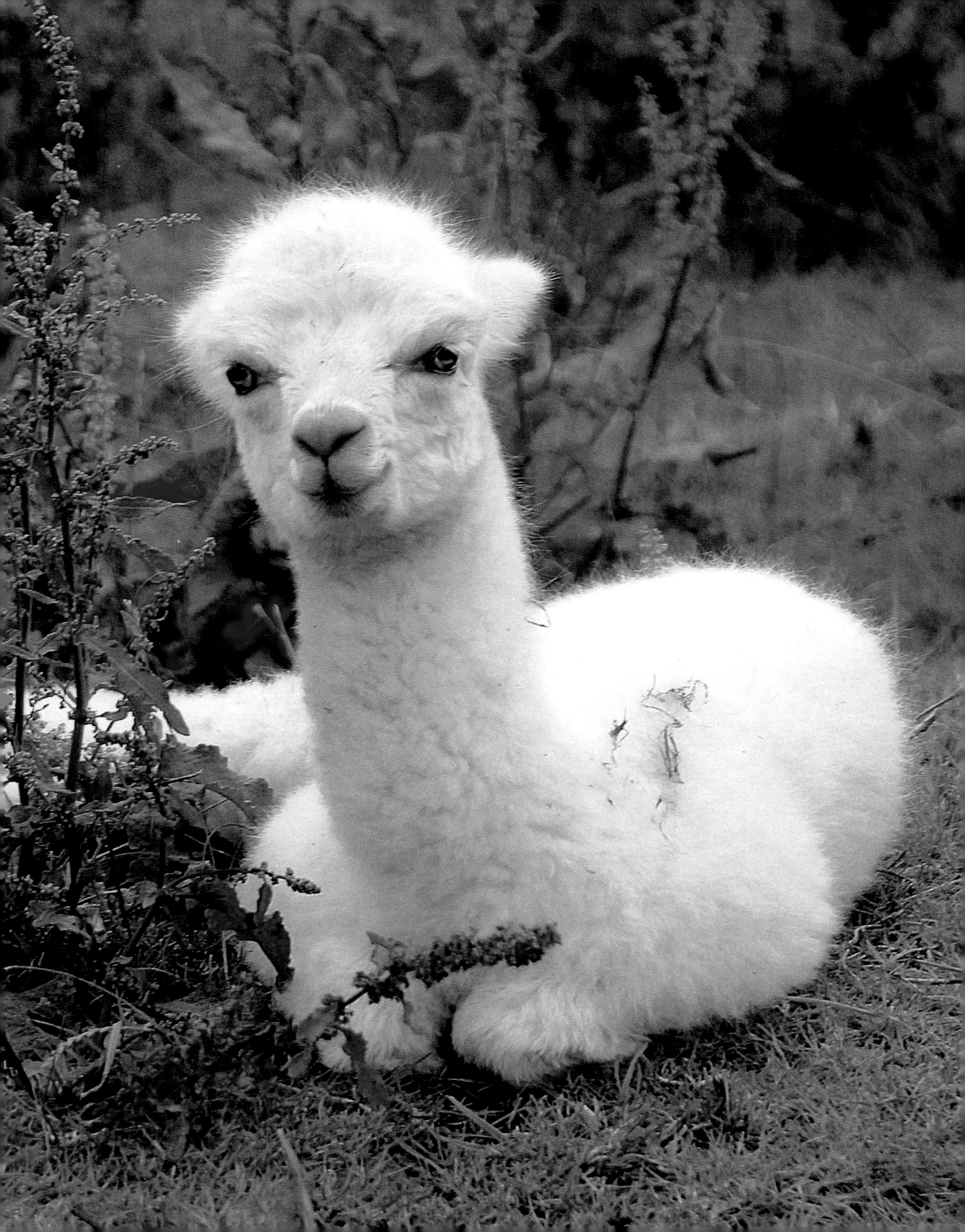

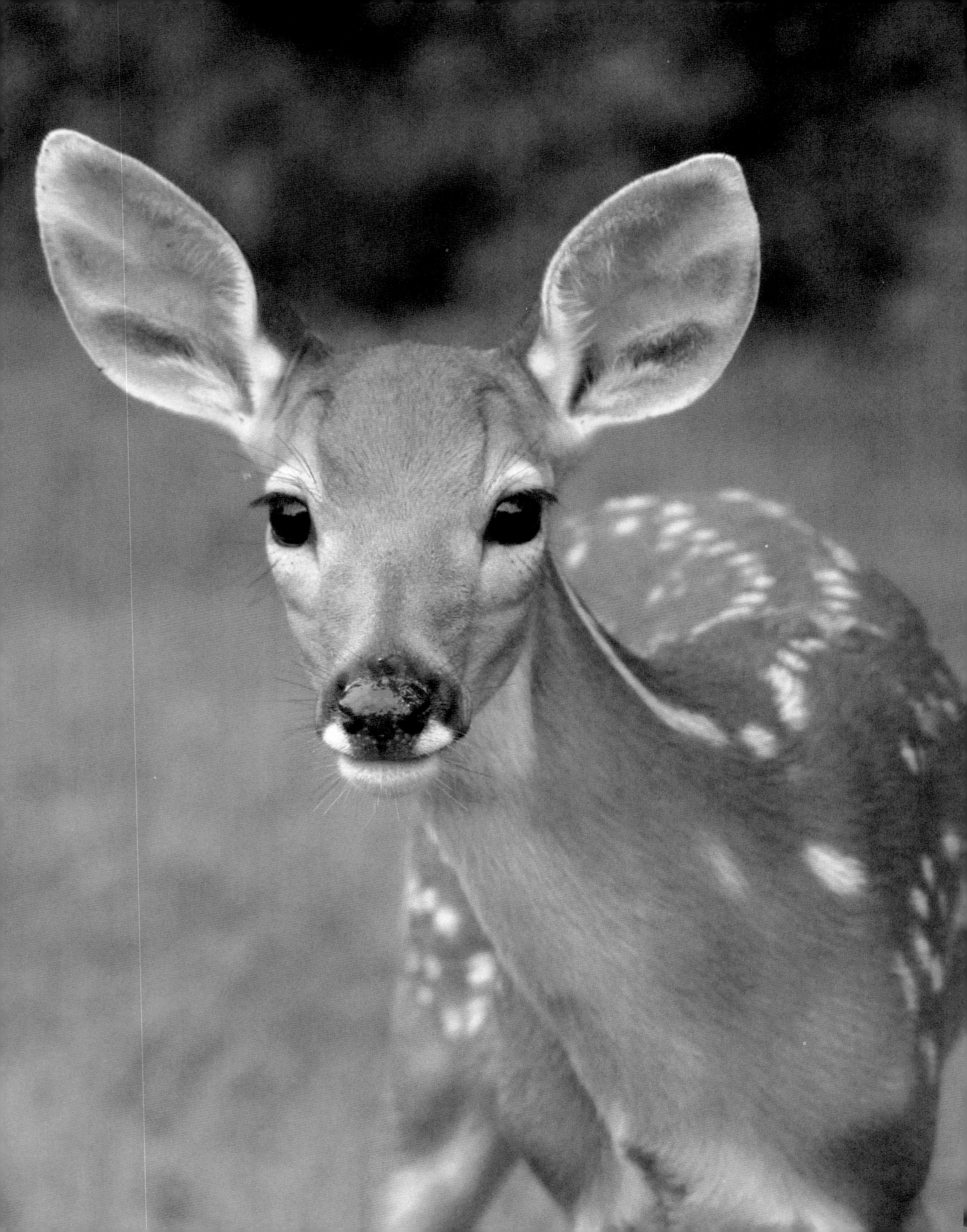

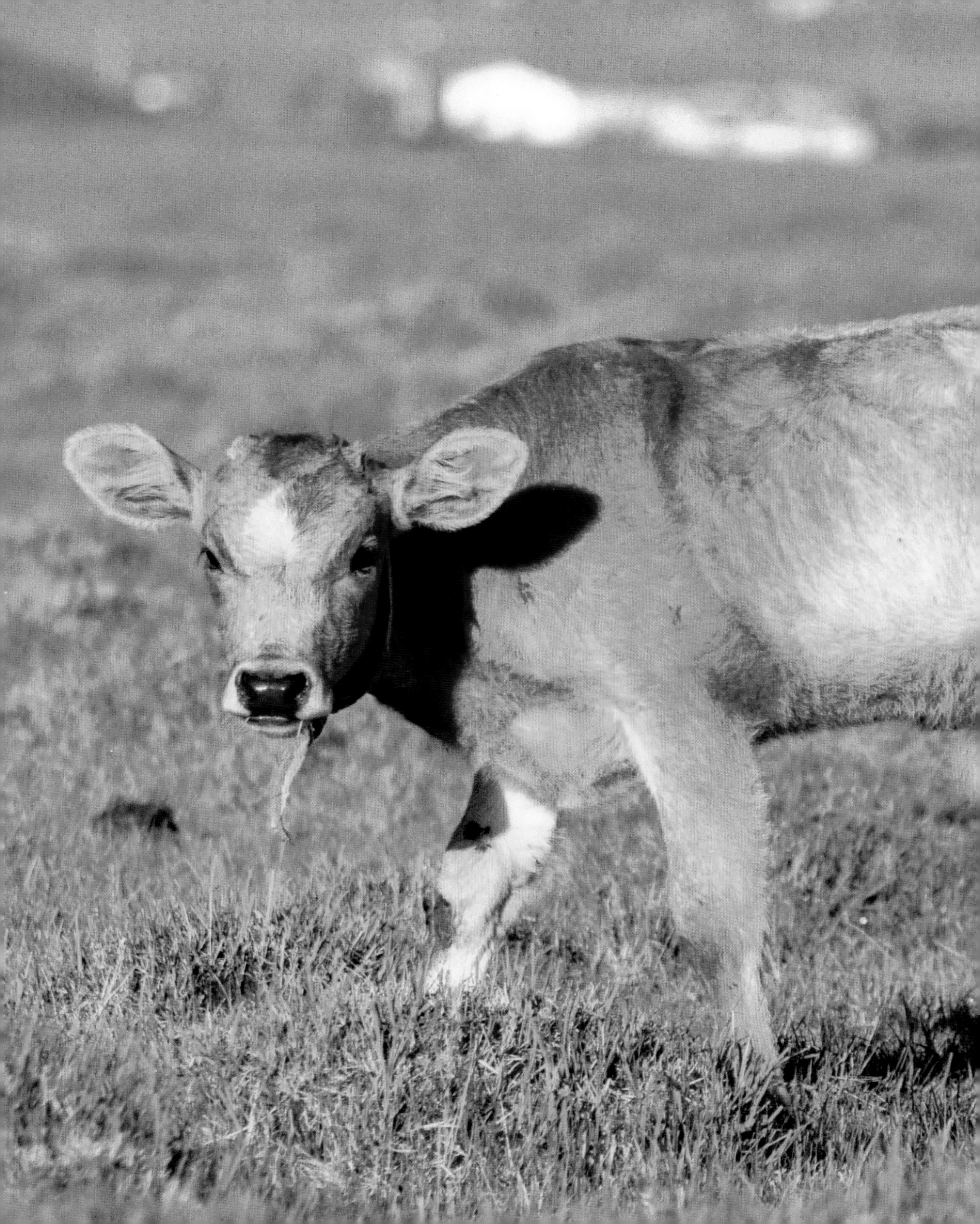

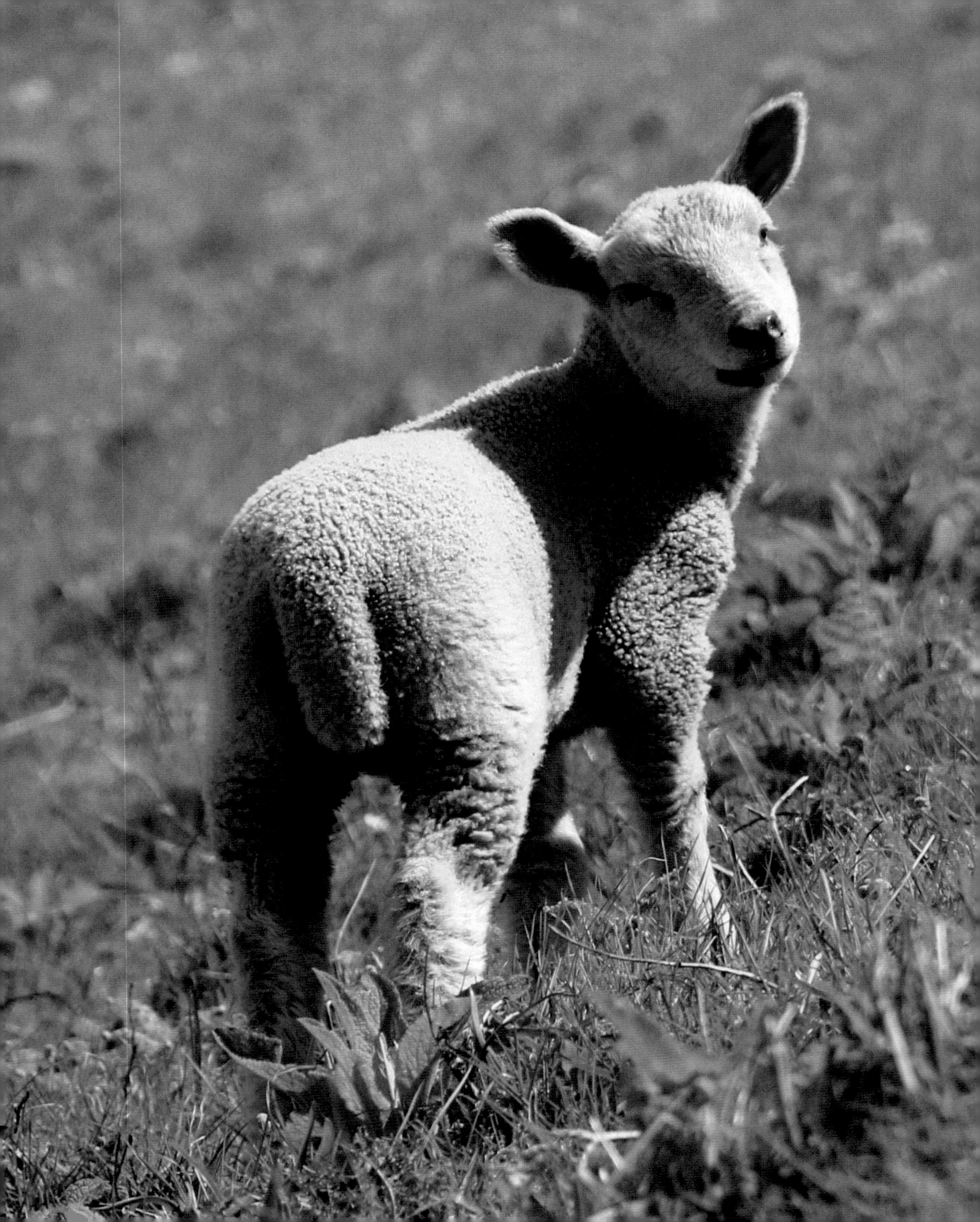

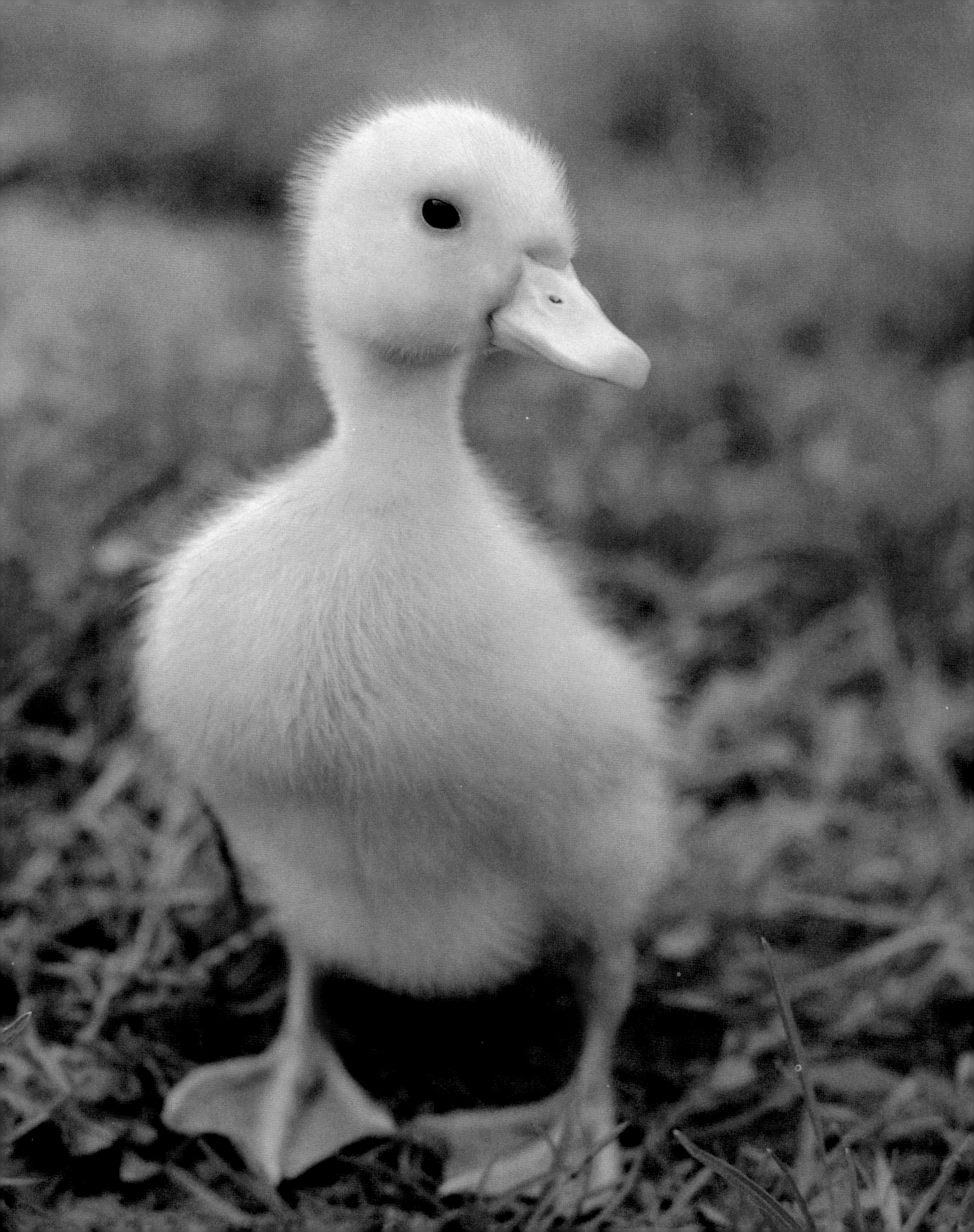

60880561R00024

Made in the USA
Middletown, DE
16 August 2019